Bestsellers

LUCIANO DE CRESCENZO

STORIA DELLA FILOSOFIA GRECA

I presocratici

ARNOLDO MONDADORI EDITORE

In copertina: un ritratto dell'autore
di Marinetta Saglio, Roma

I edizione I libri di Luciano De Crescenzo maggio 1983
I edizione Bestsellers Oscar Mondadori maggio 1988
IV ristampa Bestsellers Oscar Mondadori gennaio 1991

ISBN 88-04-31390-0

Storia della filosofia greca
I presocratici

Queste cose scrivo, come a me sembrano vere, perché i racconti dei greci sono, per quanto a me pare, molti e risibili.

ECATEO fr. 1 JACOBY

Fig. 1 - **La Grecia italiana.**

Prefazione

*Caro Salvatore,**
tu sei un filosofo e non lo sai. Sei un filosofo perché hai un modo del tutto personale di affrontare i problemi della vita. Ciò premesso, io credo che possa esserti utile conoscere la Storia della Filosofia Greca, ed è per questo motivo che ho deciso di scriverne una a tuo uso e consumo. Il mio tentativo sarà quello di raccontare con parole semplici il pensiero e la vita dei primi filosofi.

Perché i greci? Cominciamo col dire, caro Salvatore, che tu non sei italiano, ma greco. Sissignore, ripeto greco e sarei tentato di aggiungere « ateniese ». La Grecia, se intesa come modo di trascorrere la vita, è un grandissimo paese mediterraneo, fatto di sole e di conversazione, che, per quanto riguarda la nostra penisola, si estende più o meno fino alle rive del Volturno (vedi fig. 1). Oltre questo confine, geografico e di comportamento, vivono i romani, gli etruschi e i mitteleuropei, tutta gente alquanto diversa da noi e con la quale non sempre è possibile instaurare un dialogo. Per capire meglio l'essenza di questa diversità, t'invito a riflettere su un verbo, esistente nella lingua greca, che, non avendo corrispettivi in nessuna altra lingua, è di fatto intraducibile,

* Salvatore è il « vice-sostituto-portiere » di Via Petrarca 58, Napoli, dove risiede il prof. Gennaro Bellavista (Cfr. *Così parlò Bellavista*, Mondadori, Milano 1977).

a meno che non si voglia ricorrere a delle frasi complesse. Questo verbo è «agorazein».

«Agorazein» *vuol dire «recarsi in piazza per vedere che si dice» e quindi parlare, comprare, vendere e incontrare gli amici; significa però anche uscire di casa senza un'idea precisa, gironzolare al sole in attesa che si faccia ora di pranzo, in altre parole* «intalliarsi»*, come si dice dalle nostre parti, ovvero attardarsi fino a diventare parte integrante di un magma umano fatto di gesti, di sguardi e di rumori.* «Agoràzonta»*, in particolare, è il participio di questo verbo e descrive il modo di camminare di colui che pratica l'*«agorazein»*, e cioè il procedere lento, con le mani dietro la schiena e su un percorso quasi mai rettilineo. Lo straniero che, per motivi di lavoro o di turismo, si trovasse di passaggio in un paese greco, sia esso Corinto o Pozzuoli, resterebbe molto stupito nel vedere un così folto numero di cittadini camminare su e giù per la strada, fermarsi ogni tre passi, discutere ad alta voce e ripartire per poi fermarsi di nuovo. Egli sarebbe portato a credere di essere capitato in un particolare giorno di festa, laddove invece assiste a una comune scena di* «agorazein»*. Ebbene, la filosofia greca deve molto a questa abitudine peripatetica dei meridionali.*

«Caro Fedro,» dice Socrate «dove vai e da dove vieni?»

«Ero con Lisia, il figlio di Cefalo, o Socrate,» risponde Fedro «e ora me ne vado a spasso fuori le mura. Così, su consiglio dell'amico comune Acumeno, faccio i miei quattro passi all'aria aperta, perché, dice, rinvigoriscono più che passeggiare sotto i portici.»

Ecco come comincia uno dei più bei dialoghi di Platone: il Fedro. *La verità è che questi ateniesi non facevano niente di produttivo: passeggiavano, conversavano, si chiedevano cosa fosse il Bene e il Male, ma quanto a lavorare, a costruire qualcosa di pratico da poter vendere o usare, neanche a parlarne. D'altra parte non ci dimentichiamo che a quell'epoca Atene contava 20.000 cittadini e la bellezza di 200.000 individui di serie B, tra schiavi e meteci.*[1] *C'era quindi chi pensava a lavorare e a mandare avanti la baracca. In compenso, loro, gli ateniesi, non ancora contagiati dal virus del consumismo, si accontentavano di poco e si potevano dedicare ai piaceri dello spirito e della conversazione.*

Ma torniamo alla filosofia e al perché di questo mio tentativo.

La filosofia è una pratica indispensabile del vivere umano, utile ad affrontare i problemi spiccioli di ogni giorno, il cui studio, purtroppo, non è stato reso obbligatorio come il servizio di leva. Dipendesse da me, la includerei nei programmi della scuola media; temo invece che, considerandola una materia superata dai tempi, la si voglia sostituire con le più di moda «scienze umane e sociali». È un po' come se si volesse abolire lo studio dell'aritmetica dal momento che i salumieri fanno i conti col computer.

Ma cos'è questa filosofia? Be', così su due piedi non è poi tanto facile darne una definizione. L'uomo ha raggiunto le più alte vette di civiltà attraverso due discipline fondamentali: la scienza e la religione. Ora, mentre la scienza, facendo ricorso alla ragione, studia i fenomeni della natura, la religione, soddisfacendo un intimo bisogno dell'animo umano, cerca qualcosa di assoluto, qualcosa che superi la capacità di conoscere attraverso i sensi e l'intelletto. Ebbene, la filosofia è una cosa che sta a mezza strada tra la scienza e la religione, più vicina all'una o all'altra a seconda che si abbia a che fare con i filosofi cosiddetti razionalisti, o con quelli più inclini a una visione mistica delle cose. Per Bertrand Russell, filosofo inglese di scuola razionalista, la filosofia è una specie di Terra di Nessuno, tra la Scienza e la Teologia, ed esposta agli attacchi di entrambe.

Tu, Salvatore carissimo, non avendo fatto le scuole superiori, di filosofia non ne sai proprio niente. Ma non ti

[1] Meteci: forestieri che risiedevano stabilmente in Atene.

avvilire: non sei il solo. La verità è che di filosofia non ne sa niente nessuno. In Italia, tanto per fare un esempio, su 56 milioni d'individui, sì e no 150.000 riuscirebbero a mettere insieme quattro parole sulle differenze sostanziali tra il pensiero di Platone e quello di Aristotele (in pratica i professori di filosofia e gli studenti in questo momento sotto esame). La maggior parte degli altri, con un passato di studi classici, si limiterebbe a parlare di amore platonico e ti direbbe che si tratta di quel tipo di rapporto sentimentale tra un uomo e una donna dove purtroppo non si va a letto insieme, laddove sull'argomento il buon Platone aveva idee molto più larghe e disinvolte.

Se la filosofia costituisce una specie di « buco nero » nella preparazione culturale media degli italiani, ci dovrà pur essere qualcuno a cui addebitare la colpa; ora, a mio avviso, il maggior imputato non è tanto la materia, di per sé ostica e incomprensibile, quanto gli specialisti del settore che, volutamente e di comune accordo, hanno deciso di non farla conoscere troppo in giro. Ovviamente non ho letto tutte le storie della filosofia stampate in Italia, comunque, fra quelle capitatemi tra le mani, a eccezione della Storia della Filosofia Occidentale *di Bertrand Russell, ho sempre incontrato serie difficoltà a decifrare la prosa specializzata dei professori. A volte mi viene il sospetto che gli autori abbiano scritto più per i colleghi che non per gli studenti di filosofia.*

Questa del linguaggio tecnico è un'antica jattura che invade ogni ramo del sapere (stavo per dire « dello scibile umano », poi mi sono ricordato che tu non hai nessuna idea di che cosa sia « lo scibile », e allora ho preferito usare un vocabolo più terra terra). Infatti, da che mondo è mondo, c'è sempre stato qualcuno che ha pronunciato un suo « abracadabra » per fare colpo sui non addetti ai lavori. Si comincia con i sacerdoti egiziani di 5000 anni fa e si continua con tutte le specie di stregoni e di azzeccagarbugli possibili, per finire ai nostri primari di ospedale che, quando vengono intervistati alla TV, non dicono mai «febbre», ma preferiscono usare un più sofisticato «temperatura corporea».

Il linguaggio specializzato paga, rende importanti e aumenta il potere di chi lo usa. Oggi non esiste gruppo, associazione o confraternita che non abbia il suo linguaggio tecnico. Il malvezzo non ha limiti. Negli aeroporti, ad esempio, se si deve annunziare un ritardo nelle partenze, la frase di rito è questa: «A causa del ritardato arrivo dell'aeromobile il volo AZ 642 eccetera eccetera». Ora io vorrei sapere da quel funzionario che per primo stilò l'annunzio, se lui, a casa sua, quando deve fare un viaggio, è solito usare lo stesso linguaggio con la moglie. «Caterì, domani mattina debbo andare a Milano, prenderò l'aeromobile delle nove e cinquantacinque.» Nossignore: lui con la moglie userà il termine «aereo», riservando a noi, poveri utenti, la parola «aeromobile», e questo perché sa che di fronte a un vocabolo inconsueto come «aeromobile» il viaggiatore comune cade in uno stato di profonda soggezione e non ha più il coraggio di protestare per il ritardo; quasi come se uno gli dicesse: «Ma che ne vuoi capire tu di ritardi, ignorante che non sei altro! Ti rendi conto che non sai nemmeno come è fatto un aeromobile! Statti zitto e ringrazia Dio che ti rivolgiamo pure la parola!».

Altri esempi: quando a Napoli ci fu il colera, la colpa fu data alle cozze; in televisione però le cozze furono chiamate mìtili e allora successe che tutti i napoletani, non sapendo che cosa fossero i mìtili, continuarono imperterriti a mangiare le cozze. Un'altra volta, ero a casa del mio sarto, Saverio Guardascione, e stavo guardando il telegiornale insieme allo stesso Saverio e a Papiluccio, un bastardino trovato all'Arenaccia il giorno dopo il terremoto. Disse lo speaker: «...l'evaso è stato catturato con l'ausilio delle unità cinofile...». Al che Saverio mi chiese: «Prufessò, che sò st'unità cinofile?». «Sono i cani» risposi io, cercando di semplificare il concet-

to. « Gesù Gesù, » *esclamò Saverio* « e io tenevo un'unità cinofila da più di un anno e nunn''o sapevo! » *Papiluccio capì che stavamo parlando di lui e mosse la coda in segno di gratitudine.*

Dei politici poi non ne parliamo! Sono la quintessenza del parlare difficile usato ai fini della conservazione del potere. Una volta ne ho sentito uno dire in televisione che « indubbiamente in Italia abbiamo un problema della moneta divisionale parzialmente risolto da un'emissione cartacea sostitutiva ». Voleva dire che non si trovavano più spiccioli e che ci si arrangiava con i miniassegni. Ebbene, credimi, io lo avrei denudato in diretta e lo avrei frustato finché non avesse pronunziato correttamente la frase in questione! Il guaio è che gli specialisti del sapere temono che un'eventuale semplicità di espressione possa essere scambiata per ignoranza. Non ti dico poi quando si accorgono che vuoi trattare la loro materia con troppa disinvoltura: ti bollano subito con la qualifica di « divulgatore » e storcono la bocca e arricciano il naso, come se il verbo « divulgare » emanasse chissà quale puzza insostenibile. La verità è che tutti costoro non amano il prossimo e che tengono di più alla propria immagine che non alla diffusione del sapere.

In Italia siamo i maestri della noia applicata alla cultura; per capirla basta visitare uno dei nostri musei: immensi corridoi, sempre uguali e sempre deserti, sculture e quadri privi di qualsiasi nota esplicativa, malinconici custodi in attesa di pensione, silenzio sepolcrale, da cripta più che da cimitero. Quale differenza con quelli americani! Prendiamo ad esempio il Museo di Storia Naturale di New York: ci si divertono tutti, i grandi e i piccini, gli studiosi e gli analfabeti. Dentro ci sono i bar, i ristoranti, i video che ti spiegano il perché e il percome, i diorama con le ricostruzioni dei paesaggi della preistoria e i tirannosauri che digrignano i denti, le canoe degli indiani e Toro Seduto che pagaia. D'accordo: un museo così fa pensare più a Walt Disney che non a Darwin, però, vivaddio, il visitatore ci passa la giornata e quando alla fine esce fuori ha pure imparato qualcosa.

Ciò premesso, io qui, alla faccia dei dotti e dei seriosi, vorrei poterti dimostrare che a volte la filosofia greca può essere anche divertente e di facile comprensione. Alcuni filosofi in particolare, dopo un po' che ci sei entrato in confidenza, ti risulteranno così familiari che finirai per scoprirci delle rassomiglianze perfino con le persone del tuo ambiente. Aristotelici, platonici, sofisti, scettici, epicurei, cinici, cirenaici, potrebbero diventare dei riferimenti più efficaci dei segni zodiacali, se usati per individuare lo stile mentale di una persona. È inutile negarlo: noi siamo i diretti discendenti di questi signori! Quando nel 1184 a.C.[2] *finì la guerra di Troia, vuoi per le tempeste sulla strada del ritorno, vuoi per la paura, gli eroi greci e i profughi troiani si sparpagliarono un po' dovunque, disseminando le coste del Mediterraneo di villaggi e villaggetti e creando i presupposti di questa nostra ascendenza. Nei secoli successivi, infine, man mano che il Peloponneso e l'Attica venivano «visitati» dalle orde barbariche provenienti dal nord, i greci cominciarono a sentirsi un po' stretti a casa loro e decisero di prendere la via del mare allo scopo di riprodurre, a immagine e somiglianza della patria, altre* póleis, *ovvero altre città, tutte con il Tempio, l'Agorà (la piazza centrale), il Pritaneo (il municipio), il Teatro, il Ginnasio e così via. Da quanto detto possiamo dedurre che, per la storia del pensiero occidentale, la vecchia Grecia ha rappresentato quello che per l'Universo è stato il Big Bang, ovvero il grande scoppio da cui poi sarebbero venute fuori le galassie e le costellazioni. Non fosse mai esistita una civiltà greca, noi oggi saremmo finiti sotto l'influsso delle dottrine orientali, e allora credimi,*

[2] La data, in verità molto incerta, della distruzione di Troia viene fuori da un astruso calcolo fatto da Eratostene.

Salvatore mio, sarebbero stati cavoli amari! E già, perché devi sapere che un po' più in basso della Grecia, a destra di chi guarda il Mediterraneo, c'è il terribile Medio Oriente, strana terra dove tutti gli uomini, fin da bambini, crescono con l'hobby della religione. Ora, senza un paio di battaglie, fortunatamente vinte dai nostri (quella di Platea contro i persiani e quella di Poitiers contro i musulmani)[3] *e senza la forte opposizione della razionalità greca, ereditata dai vecchi filosofi presocratici, nessuno di noi si sarebbe salvato dall'offensiva asiatica, e forse oggi, a mezzogiorno, staremmo tutti appecoronati faccia a terra e in direzione della Mecca. Grazie a Dio, invece, le antiche* póleis *non erano governate dai sacerdoti, come già era capitato agli egiziani e agli assiro-babilonesi, bensì da gruppi di aristocratici poco portati alle preghiere e al misticismo. E dal momento che ci troviamo a parlare di religione, vediamo quali erano i rapporti dei greci con i loro Dei.*

*Prima considerazione: gli Dei non erano onnipotenti. Perfino Zeus, il Grande Vecchio, non poteva fare tutto quello che avrebbe voluto. Su di lui e su tutte le altre divinità chi comandava veramente era il Fato, o, come ci fa sapere Omero, l'*Anánke, *la Necessità. Questa del potere limitato degli Dei, e dei tiranni in genere, rappresenta la grande lezione di democrazia che ci arriva dai nostri antenati. Per il filosofo greco il Bene s'identifica con la Misura.*

Seconda considerazione: la religione in Grecia non era molto religiosa. Gli Dei avevano quasi tutti i vizi dei mortali: litigavano, si ubriacavano, dicevano le bugie, si cornificavano e via dicendo. Non ci si deve meravigliare quindi se il rispetto del popolo per queste divinità ne uscisse alquanto ridimensionato: le onoravano, d'accordo, però senza tanto

[3] Per chi non resiste alla seduzione del nozionismo, precisiamo che la battaglia di Platea è del 479 a.C. e fu vinta da una lega greca comandata da Pausania, mentre quella di Poitiers è del 732 d.C. e segnò il trionfo di Carlo Martello.

esagerare. Niente insomma al confronto del terrore che incuteva Jahvè, il terribile Dio degli ebrei. Tanto per dirne una, la sede degli Dei, l'Olimpo, era stata posta in cima a una montagna e non in cielo come in ogni religione che si rispetti, segno questo che non avevano paura che qualcuno potesse andare a controllare.

Insisto molto sull'aspetto religioso nell'antica Grecia, perché è proprio il passaggio dal mondo superstizioso dei riti orfici a quello scientifico dei primi osservatori della natura a segnare la data di nascita della filosofia. Non a caso il primo filosofo della storia è stato Talete di Mileto, ovvero un astronomo specializzato in eclissi solari, questo sempre che non vogliamo considerare filosofo chiunque riesca a formulare un pensiero che si elevi al di sopra degl'immediati bisogni materiali, nel qual caso saremmo costretti a retrodatare di almeno 40.000 anni la data di nascita della filosofia e a portarla all'epoca del Paleolitico superiore.

Immagino la scena: Hunu quella notte era felice, tutto gli era andato secondo i suoi desideri: era riuscito a catturare un giovane cerbiatto, tenero e bene in carne, lo aveva squartato con la sua scaglia di selce e lo aveva arrostito lentamente sul fuoco. Anche Hana, la sua donna, aveva mangiato fino a non poterne più. Dopo, avevano fatto l'amore. Poi Hana era rientrata nella caverna e lui era rimasto lì fuori a pensare. Faceva molto caldo e non aveva sonno. Si era sdraiato lungo lungo sull'erba e si era messo a guardare il cielo stellato. Era una notte d'agosto senza luna. Migliaia e migliaia di puntini luminosi gli brillavano sulla testa. Cos'erano quei fuochi? si chiese Hunu. Chi li aveva accesi lassù nel cielo? Un immenso gigante? Un Dio? Ecco nascere insieme la religione e la scienza, la paura dell'ignoto e la curiosità del sapere, e quindi la filosofia.

L. De Crescenzo

Avviso

Fin dalle classi elementari ho sempre amato l'ora di ricreazione. Al liceo attendevo con ansia quella di ginnastica o di religione. Più in là con gli anni, durante i convegni o le riunioni di lavoro, salutavo il coffee-break delle dieci con un sospiro di sollievo. Dati questi precedenti, ho ritenuto opportuno infilare tra i filosofi greci alcuni «filosofi miei» dai nomi inconsueti, gente come Peppino Russo o Tonino Capone: essi vogliono essere l'ora di ricreazione che offro al lettore. L'editore, dal canto suo, temendo che qualche studente un po' sprovveduto possa scambiarli per filosofi autentici e portarli come materia d'esame, ha preteso di usare per essi un diverso carattere tipografico e, addirittura, di incorniciarli.

I
I Sette Savi

I Sette Savi erano ventidue e precisamente: Talete, Pittaco, Biante, Solone, Cleobulo, Chilone, Periandro, Misone, Aristodemo, Epimenide, Leofanto, Pitagora, Anacarsi, Epicarmo, Acusilao, Orfeo, Pisistrato, Ferecide, Ermioneo, Laso, Panfilo e Anassagora.

La cosa non ci deve tanto meravigliare: i Savi riportati dai testi sacri sono così numerosi per colpa degli storici della filosofia che non riuscirono mai a mettersi d'accordo sui nomi, o, per meglio dire, lo furono solo per i primi quattro, e cioè per Talete, Pittaco, Biante e Solone (che per questo motivo dovrebbero essere considerati i titolari della nazionale dei filosofi) mentre per le altre tre «maglie» sceglievano da una «panchina» di ben diciotto riserve. Tra l'altro c'era sempre chi, nello scrivere questi elenchi, coglieva la palla al balzo e ci metteva dentro un amico, se non addirittura il personaggio politico più in vista del momento, come se io adesso, dovendo fare un elenco dei Sette Savi, c'infilassi in mezzo per adulazione l'onorevole Craxi.

Scherzi a parte, io un Saggio credo di averlo veramente conosciuto. Si chiamava Alfonso, anzi donn'Alfonso, ed era il gestore di una sala biliardo a Fuorigrotta. Innanzitutto era un uomo che possedeva il fisico del ruolo: l'età avanzata, la barba, i capelli bianchi e la silenziosità. Non parlava mai e quando lo faceva era di pochissime parole:

freddo, conciso e inappellabile. Ogni qual volta i giocatori lo chiamavano per stabilire di chi fosse il punto, lui si avvicinava al biliardo, guardava le palle giocate come se le avesse già viste in quella stessa posizione altre volte, e diceva «bianco» o «rosso», così semplicemente senza aggiungere altro. Dici: ma tu come fai a dire che era un Saggio se non lo hai mai sentito parlare? Lo so, o per meglio dire lo sento. Donn'Alfonso aveva negli occhi una vita vissuta, una vita dove, credo, doveva essergli capitato di tutto. Sono sicuro che in caso di bisogno, se fossi andato da lui, avrei trovato conforto. Magari, come per le boccette, sarebbe rimasto in silenzio per qualche secondo, poi con una sola parola mi avrebbe illuminato.

Anche i Savi erano gente di poche parole: laconici, come si suol dire. «Sapendo taci» (Solone), «Odia il parlare svelto» (Biante), «Essere avido di ascoltare e non di parlare» (Cleobulo), «La tua lingua non corra davanti al pensiero» (Chilone) ci danno un'idea di come a quei tempi la saggezza andasse di pari passo con la parsimonia nel parlare. Per questa capacità di sintesi i Savi possono essere considerati gl'inventori dei proverbi. Alcune delle loro massime sono ancora in circolazione: il «Prendi moglie fra i tuoi pari» di Cleobulo corrisponde al nostro «moglie e buoi dei paesi tuoi» e il «Tratta con le persone convenienti» è l'equivalente del proverbio napoletano «*Fattelle cu chi è cchiù meglio 'e te e fanne 'e spese*».

Grazie alle massime, cioè ai proverbi, la fama dei Sette Savi corse di città in città al punto che, malgrado l'assenza dei mass-media, non c'era nessuno nel mondo greco che non conoscesse vita morte e miracoli di Talete e compagni. Le loro parole servivano ai padri per l'educazione dei figli ed erano largamente utilizzate dagli oratori sia in politica che nei tribunali; le loro canzoni facevano il giro dei conviti e, al contrario di quelle di Sanremo, erano ricche di principi morali. In particolare, ne ricordo una di Chilone il cui ritornello diceva: « È sulla pietra che si prova l'oro, ma è sull'oro che si prova l'uomo ».[1]

Di tutti e ventidue il più simpatico, a mio avviso, è Pittaco di Mitilene. Diogene Laerzio racconta che, oltre a essere un saggio, fu anche un abile stratega e che i suoi concittadini, allorquando andò in pensione, per ringraziarlo di tutto quello che aveva fatto per la patria, gli regalarono un vasto territorio, battezzato per l'occasione Pittacia. Ciò nonostante, Pittaco non volle diventare un latifondista e accettò solo quel tanto che considerava sufficiente a soddisfare i propri bisogni. Si giustificò dicendo che « il poco era più grande del tutto ».[2]

Tra le massime più suggestive di Pittaco di Mitilene cito le seguenti:[3] « Ciò che stai per fare non dirlo », « È difficile essere buoni », « Degna di fiducia è la terra, infido il mare » e soprattutto « Sopporta di essere danneggiato un poco dal tuo vicino ». Quest'ultima frase può essere considerata l'undicesimo comandamento del popolo napoletano, se non altro perché ne esalta la principale virtù: la tolleranza. Solo grazie alla tolleranza, infatti, è possibile accettare il principio contrario, ovvero il « Disturba un poco il tuo vicino » che, nella fattispecie, non è tanto una massima quanto un serio inconveniente per chi è costretto a vivere dalle nostre parti.

Sui Sette Savi si racconta un aneddoto che è troppo istruttivo e divertente per aver voglia di andarne a controllare l'autenticità: sembra che un giorno i sette leader della sapienza, volendo fare una scampagnata, si siano dati appuntamento a Delfi, presso l'oracolo di Apollo, e che, una volta giunti sul posto, siano stati ricevuti con tutti gli onori

[1] Diogene Laerzio, *Vite dei filosofi* I 71 (cfr. trad. it. a cura di M. Gigante, Bari 1962, p. 32).

[2] Diogene Laerzio, *Vite dei filosofi* I 75 (cfr. trad. it. cit., p. 34).

[3] Diogene Laerzio, *Vite dei filosofi* I 76-78 (cfr. trad. it. cit. pp. 34-5).

dal più anziano dei sacerdoti. Costui, vedendo raccolto intorno a sé il meglio della saggezza greca, ne approfittò subito per chiedere a ciascuno di loro di scolpire una massima sulle mura del tempio. Il primo ad accettare l'invito fu Chilone di Sparta[4] che, fattosi dare una scala, scrisse, proprio sul frontone d'ingresso, il famoso detto «Conosci te stesso».[5] A uno a uno, tutti gli altri lo imitarono.[6] Cleobulo e Periandro, il primo a destra, il secondo a sinistra del portale, scolpirono i loro celebri motti: «Ottima è la misura» e «La cosa più bella del mondo è la tranquillità». Solone, in segno di modestia, scelse un angolino semibuio del prostilo e scrisse «Impara a ubbidire e imparerai a comandare». Talete lasciò la sua testimonianza sulle mura esterne del tempio, in modo che tutti i pellegrini provenienti dalla Via Sacra, non appena svoltato l'angolo dell'altare dei Chioti, potessero avere di fronte la scritta «Ricordati degli amici!». Pittaco, eccentrico come sempre, s'inginocchiò ai piedi del tripode della Pizia e scolpì sul pavimento un incomprensibile «Restituisci il deposito». Buon ultimo rimase Biante da Priene, il quale, con gran meraviglia di tutti i presenti, cominciò a dire che, in verità, lui quel giorno non se la sentiva, che... insomma... non sapeva che scrivere. Tutti gli altri allora gli furono intorno e ciascuno cercò di suggerirgli una frase a effetto; sennonché, malgrado l'incitamento dei colleghi, Biante sembrava irremovibile. Più quelli dicevano: «Orsù Biante, figlio di Teutamo, tu che di tutti noi sei il più saggio, lascia ai futuri visitatori di questo tempio una traccia della tua luce!» e più lui si schermiva dicendo: «Amici miei, statemi a sentire: qua è meglio per tutti se non scrivo niente». Tira e molla, a

[4] Diogene Laerzio, *Vite dei filosofi* I 40-42 (cfr. trad. it. cit., pp. 19-20).
[5] Secondo alcuni, la massima «conosci te stesso» sarebbe di Talete.
[6] Per tutte le massime e le testimonianze riguardanti i Sette Savi, cfr. *I Presocratici*, a cura di G. Giannantoni, Bari 1975[6], vol. I, pp. 71-6.

un certo punto le insistenze furono tante che il povero saggio non poté più esimersi dallo scrivere qualcosa: fu allora che, con mano tremante, prese uno scalpellino e scrisse: «La maggioranza degli uomini è cattiva».[7]

A leggerla in fretta, sembrerebbe una frasettina da niente, eppure, signori miei, questa massima di Biante costituisce il verdetto più drammatico espresso dalla filosofia greca. «La maggioranza degli uomini è cattiva» è una bomba capace di distruggere qualsiasi ideologia. È come entrare in un supermercato e prendere da un'enorme piramide di barattoli di marmellata uno dei barattoli della base: casca tutto. Casca il principio della democrazia, il suffragio universale, il marxismo, il cristianesimo e ogni altra dottrina basata sull'amore verso il prossimo. Perde la partita Gian Giacomo Rousseau, assertore della teoria dell'uomo «buono per natura» e vince Tommaso Hobbes con il suo slogan *homo homini lupus*.

Io lo so che il nostro nobile cuore si rifiuta di accettare il pessimismo di Biante, anche se poi, sotto sotto, qualcosa ci dice che forse il vecchio pazzo aveva ragione. Chiunque sia finito in uno stadio, durante una partita di calcio, sa che cosa sia il vero volto della folla. Non a caso, nell'antica Roma, il gladiatore sconfitto sperava solo nella grazia dell'imperatore e mai in quella del pubblico, per il quale il «pollice verso» era un verdetto scontato: il *cives romanus* andava al Colosseo, insieme alla famiglia, col preciso scopo di vedere ammazzare quanta più gente possibile e questo, fatte le debite proporzioni, è vero anche oggi. Sul fatto che l'uomo sia l'animale più crudele del creato, non credo che esistano dubbi. L'unica speranza ce la porge Bergson quando dice che l'umanità, lentamente ma inesorabilmente, diventa sempre più buona. Accettiamo di buon grado l'auspicio e confidiamo tutti nel 3000.

[7] Diogene Laerzio, *Vite dei filosofi* I 87 (cfr. trad. it. cit., p. 40).

Un'altra interpretazione della massima di Biante potrebbe essere questa: la maggioranza degli uomini è cattiva solo in quanto maggioranza. In altre parole gl'individui, presi singolarmente, sarebbero tutti delle brave persone, salvo poi a trasformarsi in belve feroci non appena diventano massa. Ora non so voi, miei cari lettori, ma io ho sempre avuto la tendenza a ficcarmi nelle minoranze, e pertanto mi chiedo: ho evitato le masse per non farmi corrompere dalla cattiveria collettiva, o, viceversa, per esercitare meglio la mia quota di malvagità anche nei confronti del popolo? È stato puro snobismo il mio? Paura di finire intruppato nel gregge? Razzismo antidemocratico di chi crede di appartenere a un gruppo di «pochi ma buoni»? Ho paura delle eventuali risposte.

Nel quinto secolo avanti Cristo un anonimo ateniese, probabilmente un fuoriuscito, scrisse un libello,[8] oggi pubblicato dall'editore Sellerio, con il titolo *La democrazia come violenza*. Si tratta di un lungo colloquio tra due cittadini che commentano, senza peli sulla lingua, il nuovo regime democratico instauratosi ad Atene. Dice uno dei due: «...nei migliori c'è il minimo di sfrenatezza e d'ingiustizia, e il massimo d'inclinazione al bene; mentre nel popolo c'è il massimo d'ignoranza, di disordine e di cattiveria, in quanto la povertà li spinge all'ignominia, e così la mancanza di educazione e la rozzezza che in alcuni casi nasce dall'indigenza...».[9]

Questo brano probabilmente costituisce la più antica critica del modello democratico ed è sintomatico costatare come il suo autore, pur essendo un reazionario della più bell'acqua, non se la prende tanto con il popolo che, dice,

[8] L'opuscolo è stato rinvenuto tra le opere di Senofonte, amico dei Trenta Tiranni e quindi avversario della democrazia ateniese.
[9] Anonimo Ateniese, *La democrazia come violenza* a cura di L. Canfora, Palermo 1982, p. 16.

«cerca di giovare a se stesso», quanto con coloro che «pur non avendo origini popolari, scelgono di operare in una città governata dal popolo piuttosto che dai migliori, perché consapevoli di poter meglio mascherare la propria ribalderia in un ambiente democratico che non in uno oligarchico».[10]

Ritornando ai Sette Savi, quello che ho capito è che bisogna essere un tantino sospettosi nei confronti della saggezza: questa infatti si trova spesso e volentieri in antitesi con l'idealismo. La saggezza altro non è che il buon senso, ovvero l'esatta conoscenza delle cose della vita, laddove l'idealismo rappresenta l'irresistibile voglia di credere in un futuro migliore. La saggezza parla degli uomini come veramente sono, l'idealismo invece preferisce immaginarli come vorrebbe che fossero. A voi la scelta tra questi due modi d'intendere la vita.

[10] Anonimo Ateniese, *op. cit.*, p. 30.

Fig. 2 - **La costa della Ionia.**

II
Mileto

Mileto è una cittadina turca, situata un po' più a sud dell'isola di Samo sulla costa dell'Anatolia. All'epoca di cui ci occupiamo, il VII e il VI secolo a.C., era la più importante città della Ionia e forse di tutto il mondo. Ora, non so se ci avete fatto caso, ma l'epicentro della storia, e quindi dell'arte, della letteratura e del potere militare, si sposta lentamente sul globo terraqueo seguendo più o meno il cammino del sole: nasce sulle rive occidentali dell'Asia, riposa un bel po' di tempo in Grecia, quindi fa uno zompo: si trasferisce a Roma e qui, tra impero romano e papato, fa i comodi suoi fino all'avvento della Riforma, dopo di che emigra in Francia, in Inghilterra e, secondo zompo, in America dove attualmente si è messo di casa. Domani arriverà in Giappone e forse, dopo un altro migliaio di anni, potremo rivederlo di nuovo da queste parti.

Mileto fu fondata prima dell'anno mille da colonizzatori, chi vuole provenienti da Creta, chi dalla Grecia continentale, chi infine dalla vicina Troia appena incendiata. A sentire Erodoto,[1] il più romanziere degli storici greci, gl'invasori «non portarono spose ma presero le donne di Caria dopo averne ucciso i parenti» insomma perpetrarono il solito ratto delle sabine a cui chissà quali e quanti popoli debbono

[1] Erodoto, *Storie* I 146 (cfr. trad. it. a cura di L. Annibaletto, Milano 1982, vol. I, pp. 116-17).

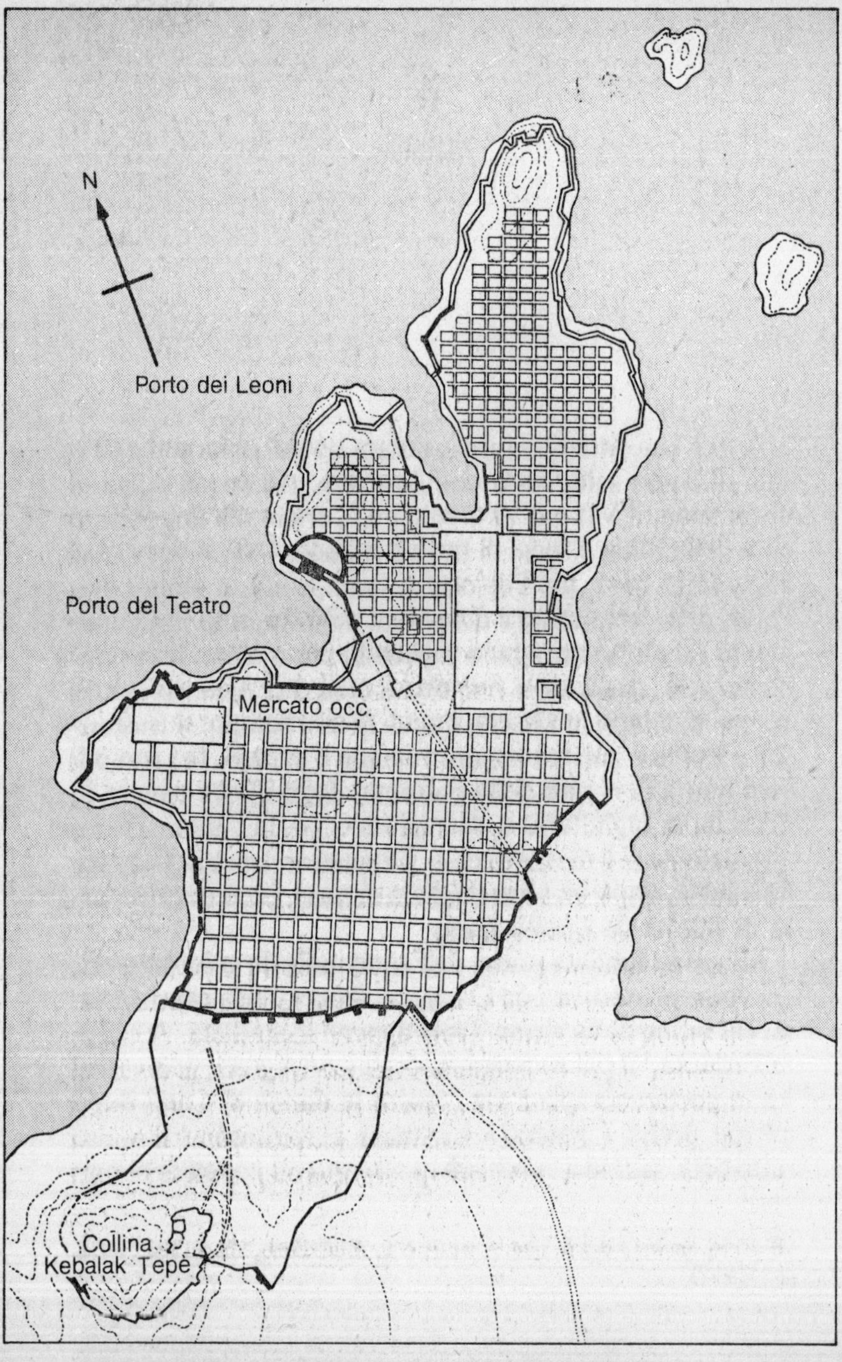

Fig. 3 - **Mileto: pianta della città dopo la ricostruzione del 479 a.C.**

oggi la loro esistenza. Pare che il capo degli stupratori fosse nientepopodimeno che il figlio del dio Posidone, Neleo. La cosa non deve stupirci dal momento che gli antichi hanno sempre avuto l'abitudine di scaricare sugli dei le schifezze imputabili ai loro antenati. Peccato che oggi America e Russia non possano fare altrettanto per quello che è successo in Cile e in Afghanistan.

Il dato che è importante capire, ai fini della storia che sto per raccontare, è che Mileto era una città moderna, commercialmente molto progredita, dove l'unico Dio che contasse veramente qualcosa era il Dio Denaro. Né più né meno di quanto non capiti ancora oggi a New York.

La costa della Ionia (vedi fig. 2), striscia di frontiera posta, come una fetta di prosciutto in un sandwich, tra il mondo greco e il retrostante impero persiano, era ricca di villaggi e città che approfittavano della posizione per commerciare con entrambi. Prima fra tutte Mileto. Dai suoi porti partivano e arrivavano navi cariche di ogni ben di Dio: grano, oli, metalli, papiri, vino e profumo. Ora, come sempre capita quando gli affari vanno a gonfie vele, gli animi dei milesi si erano alquanto allontanati dai richiami mistici della religione per potersi dedicare, con maggiore impegno, ad attività più pratiche e razionali. Ecco quindi nascere i primi studi sulla natura, sull'astronomia e sull'arte della navigazione. La città dobbiamo immaginarcela come un grande crocevia assolato, brulicante di marinai, mercanti e uomini d'affari.

Proviamo a fare due passi nella vecchia Mileto. Saliamo insieme sulla collina di Kebalak Tepè e inerpichiamoci quel tanto che basta per poter avere una veduta d'insieme.

La città (vedi fig. 3) si stende ai nostri piedi lungo una breve penisola. Le vie corrono strette e s'incrociano tutte ad angolo retto fra loro: fatte le debite proporzioni, sembra di stare a Manhattan. Giù in fondo, a sinistra, s'intravede il porto del Teatro e un po' più avanti quello dei Leoni.

Una lunga fila di schiavi frigi trasporta balle di papiro sulla via del mercato occidentale. Qui si discute, si contratta ad alta voce e si ride. È chiaro che abbiamo a che fare con gente ricca e senza pensieri.

Le cose per Mileto, purtroppo, non andarono sempre così: proprio quella posizione di cerniera, che tanto l'aveva favorita negli scambi commerciali, le risultò fatale. Un brutto giorno, malgrado si fosse alleata con i lidi, venne assalita dalle soldataglie di Dario e rasa al suolo. «Dei milesi la maggior parte furono uccisi dai persiani lungochiomati, e le donne e i figli furono tenuti in conto come schiavi...» è sempre Erodoto quello che c'informa «...e gli ateniesi rimasero così sconvolti dalla notizia della presa di Mileto che, quando venne rappresentata la tragedia scritta da Frinico sull'argomento, tutto il teatro scoppiò in lacrime e a Frinico fu imposta una multa di mille dramme per aver ricordato una tale sventura.»[2]

[2] Erodoto, *Storie* VI 18-21 (cfr. trad. it. cit., vol. II, pp. 88-9).

III
Talete

Talete era un ingegnere di Mileto.[1] Nacque nella seconda metà del VII secolo a.C. da genitori fenici.[2] Appena raggiunta l'età della ragione, s'imbarcò sulla prima nave in partenza e iniziò una lunga serie di viaggi tra l'Egitto e il Medio Oriente. In pratica furono i sacerdoti egiziani e caldei a provvedere alla sua educazione e a insegnargli tutto quello che a quei tempi si sapeva di astronomia, di matematica e di scienza della navigazione.

Tornato in patria, la madre, la signora Cleobulina, cercò subito di accasarlo e, come tutte le mamme, si dette da fare per trovargli la fidanzata. Non ci fu però verso di convincerlo: Talete era diverso da tutti gli altri giovanotti. Alla domanda «perché non ti sposi?» rispondeva sempre «non è ancora tempo», finché un bel giorno cambiò risposta e disse «ormai non è più tempo». Se qualcuno infine gli chiedeva perché non avesse figli, si scusava dicendo di aver deciso così «per amore dei figli».[3] Insomma Talete era quello che si dice un filosofo, anche se all'epoca la categoria non era stata ancora inventata. Bisognerà attendere Pitagora perché il termine «filosofo» acquisti un suo signi-

[1] Per le testimonianze e i frammenti di Talete, cfr. *I Presocratici*, cit., vol. I, pp. 79-95.
[2] Diogene Laerzio, *Vite dei filosofi* I 22 (cfr. trad. it. cit., p. 11).
[3] Diogene Laerzio, *Vite dei filosofi* I 26 (cfr. trad. it. cit., p. 23).

ficato e, più tardi, Platone, perché al filosofo venga riconosciuto anche il prestigio della professione. Fino a quel momento per i milesi Talete era semplicemente uno strano tipo con la testa fra le nuvole. «Tanto una brava persona,» dicevano «ma priva di senso pratico», e aggiungevano: «sarà pure istruito, ma a che serve tutta questa istruzione se poi sta sempre senza una lira?» Sembra che perfino la sua schiava si prendesse gioco di lui: una volta, avendolo visto cadere in un pozzo mentre era intento a guardare le stelle, lo derise per un'intera giornata.[4] «O Talete,» gli disse «tu ti preoccupi delle cose del cielo e non ti accorgi di quelle che hai davanti ai piedi!» Ora non si sa se tra le cose che Talete aveva davanti ai piedi ci fosse pure una bella servetta, certo è che il nostro filosofo non aveva mai dimostrato molto interesse né per i problemi del vivere quotidiano, né tantomeno per le donne. Era, in altre parole, il prototipo dello scienziato distratto: quello che si lava poco, capace d'intuire cinque teoremi di geometria, ma del tutto inadatto a organizzare la propria vita privata. Sennonché, a smentire questa sua scarsa praticità, esiste un aneddoto raccontato da Aristotele, secondo il quale Talete, stanco degli sfottò ricevuti, un giorno esclamò: «Adesso vi faccio vedere io!»[5] e, avendo previsto un abbondante raccolto di olive, fittò a bassissimo costo i frantoi che riuscì a trovare sulla piazza, per poi subaffittarli a un prezzo molto più alto nel momento del bisogno. Questo tipo di speculazione oggi viene chiamata aggiotaggio e non è una cosa pulita, lui però la mise in pratica solo per dimostrare che, *volendo*, il filosofo poteva arricchirsi come e quanto credeva. La verità è che il nostro Talete era un figlio di buona donna e non a torto Platone, quando parlava di lui, lo definiva: «ingegnoso inventore di tecniche». Una

[4] Platone, *Teeteto* 174 A.
[5] Aristotele, *Politica* I 4, 1259a 6-18.

volta, durante la guerra dei lidi contro i persiani, non riuscendo le truppe di Creso a guadare il fiume Halys, da bravo ingegnere idraulico qual era, pensò bene di deviarne una parte, in modo da rendere il fiume guadabile in entrambi i rami.[6]

La fama di scienziato se la guadagnò comunque, in modo definitivo, grazie alla previsione dell'eclissi del 585 a.C. A essere sinceri, questa dell'eclissi fu più una botta di fortuna che non un fatto scientifico: Talete aveva appreso dai sacerdoti caldei che le eclissi solari si ripresentano, più o meno, ogni novant'anni, per cui, fattosi i conti, riuscì a predire il fenomeno. Oggi però noi sappiamo che la previsione di un'eclissi viene da un calcolo molto più complicato: la sovrapposizione completa della luna sul sole, infatti, può essere tale in Caldea e non in Anatolia, a duemila chilometri di distanza; pertanto, con i dati a sua disposizione, Talete al massimo avrebbe potuto dire ai suoi concittadini: «*Guagliù*, affacciatevi di tanto in tanto alla finestra perché qui, da un momento all'altro, potrebbe esserci un'eclissi». Invece, come appunto dicevo, ebbe la fortuna d'incocciare una sovrapposizione totale, la qual cosa spaventò a morte tutta la regione e riuscì perfino a far interrompere la guerra in atto tra i lidi e i persiani.[7] Da quel giorno il suo credito crebbe a dismisura e lui poté approfittarne per dedicarsi agli studi con maggiore tranquillità. Misurò l'altezza delle piramidi,[8] facendo una proporzione tra l'ombra proiettata da una piramide e l'ombra di un altro oggetto di cui già conosceva l'altezza. Riuscì a calcolare, sempre con argomentazioni geometriche, la distanza delle navi dalla costa. Divise l'anno in 365 giorni[9] e fu il primo a scoprire l'Orsa Minore e la sua im-

[6] Erodoto, *Storie* I 75 (cfr. trad. it. cit., vol. I, pp. 72-3).
[7] Erodoto, *Storie* I 74 (cfr. trad. it. cit., vol. I, pp. 71-2).
[8] Plinio, *Storia naturale* XXXVI 82.
[9] Diogene Laerzio, *Vite dei filosofi* I 27 (cfr. trad. it. cit., p. 13).

portanza per la navigazione. Callimaco gli dedicò questi versi:[10]

E si diceva che avesse fissato
la figura stellata del carro
con la quale i fenici guidavano le navi.

Non lasciò nulla di scritto. Gli fu attribuita una *Astronomia nautica* che, in seguito, risultò essere stata scritta da Foco di Samo. Morì allo stadio mentre assisteva a una gara di atletica. Morì per il caldo, per la sete e soprattutto per la folla. Quando il pubblico sfollò, lo trovarono disteso sulle gradinate come se si fosse addormentato. Era molto vecchio. C'è un epigramma di Diogene Laerzio che commenta questa morte.[11]

Il saggio Talete, o Zeus, rapisti dallo stadio
mentre a un ginnico agone assisteva.
Ti lodo per averlo condotto vicino alle stelle
che il vecchio ormai più non poteva vedere dalla terra.

Al liceo il mio testo ufficiale di filosofia era il Lamanna; io però, giudicandolo troppo difficile, mi arrangiavo, come tutti i miei compagni, del resto, con i Bignami. Per chi non lo sapesse, questi Bignami sono dei libriccini dove vengono riportati solo gli elementi essenziali delle materie da studiare. Sono, come dire, una specie di Reader's Digest della cultura scolastica. Ovviamente malvisti dagli insegnanti, esistono i Bignami di Storia, di Filosofia, di Chimica e di... Tutto. Io credo che gli studenti sfaticati d'Italia, prima o poi, dovrebbero erigere un monumento al professor Ernesto Bignami in segno di eterna gratitudine.

[10] Callimaco, *Giambo* I, vv. 54-5.
[11] Diogene Laerzio, *Vite dei filosofi* I 39 (cfr. trad. it. cit., p. 19).

Giunto agli esami di maturità (sto parlando degli esami che si facevano una volta), mi trovai di fronte al problema di dovermi preparare su tutte le materie e per tutti gli ultimi tre anni; a quel punto anche i minuscoli Bignami mi sembrarono troppo voluminosi, per cui ricorsi al solito sistema degli schemini e degli appunti: su un quaderno a quadretti dalla copertina nera buttai giù un estratto di quello che avevo capito leggendo i Bignami e ottenni, in tal modo, un riassunto del riassunto delle cose da ricordare. Tutto questo per dire che sul mio vecchio quaderno del liceo, che conservo ancora con tenerezza, in merito a Talete, ho trovato soltanto una frase: «Talete – quello dell'acqua». Ebbene, se c'è un modo per svalutare l'importanza di Talete nella storia della filosofia, è proprio questo collegarlo al concetto riduttivo di sostenitore dell'acqua come componente fondamentale della materia. Ma cerchiamo di spiegarci meglio.

Talete aveva notato che tutto ciò che è vivo nella natura è anche umido. Ad esempio: le piante sono umide, gli alimenti sono umidi, il seme è umido, laddove le rocce sono secche e i cadaveri rinsecchiscono rapidamente.[12] La sua frase preferita era: «L'acqua è la cosa più bella del mondo». Tra l'altro non ci dimentichiamo che Talete si era formato culturalmente in zone aride come l'Egitto e la Mesopotamia, dove il culto dell'acqua era quanto mai sentito, anche perché in quei paesi proprio lo straripare dei fiumi dava origine all'agricoltura e quindi alla sopravvivenza delle popolazioni. Non a caso in Egitto il Nilo era venerato come un Dio. Io sono convinto però che, sostenendo l'equazione «acqua uguale vita», Talete abbia voluto esprimere un concetto molto più alto della semplice costatazione di come l'acqua fosse sempre presente in ogni

[12] Aristotele, *Metafisica* I 3, 983b 21-8.

creatura della Terra. L'acqua, o per meglio dire l'umido, era per lui l'anima delle cose, l'essenza del creato. Diceva Aezio, parlando di Talete, che «nell'umido elementare è infusa una potenza divina che lo mette in movimento».[13]

La scuola milesia, di cui Talete in ordine di tempo è il primo esponente, si caratterizza proprio per questa ricerca dell'elemento primordiale, dell'*archè*, come lo chiamavano i greci, dal quale poi avrebbero tratto origine tutte le cose. Per Talete l'*archè* era l'umido, ovvero l'acqua che, solidificando e bollendo, è in grado di trasformarsi in ghiaccio o in vapore.

La stessa Terra lui se la immaginava come una grande zattera galleggiante su una enorme distesa d'acqua[14] il cui beccheggio poteva a volte provocare i terremoti.[15] Quest'idea della Terra che poggia su qualcosa di solido non è nuova nelle mitologie dei popoli: c'è chi, come i greci, la vede sulle spalle di Atlante, e chi, come gli indù, sul dorso di un elefante che a sua volta poggia su una tartaruga. Guai però a chiedere agli indù su chi poggia la tartaruga: o s'incavolano o fanno finta di non sentire.

A parte l'acqua, Talete andava dicendo che tutte le cose avevano un'anima e che pertanto erano «piene di Dei».[16] Quando iniziava questo discorso era solito tirar fuori dalle tasche un chiodo e una calamita per poter mostrare ai concittadini stupiti come anche «la pietra riusciva a muovere il ferro».[17]

Riassumendo, Talete occupa un posto molto importante nella storia della filosofia, non tanto per le risposte che ha dato ad alcuni quesiti, quanto per le domande stesse che si

13 Aezio, I 7, 11.
14 Aristotele, *Del Cielo* II, 13, 294a 30-3.
15 Seneca, *Questioni naturali* III 14.
16 Aristotele, *Dell'anima* I 5, 411a 8.
17 Aristotele, *Dell'anima* I 2, 405a 20-2.

è voluto porre. Guardarsi intorno, sforzarsi di riflettere, non attribuire agli Dei la soluzione di tutti i misteri, è stato il primo passo del pensiero occidentale verso l'interpretazione dell'universo.

IV
Anassimandro

Anassimandro era uno scolaro e forse anche un parente di Talete.[1] Nacque a Mileto nel 610 a.C. ed era pertanto più giovane del maestro di una ventina d'anni. Nella storia della civiltà è noto per aver disegnato per primo una carta geografica.[2] A quei tempi chi si metteva per mare lo faceva con molto coraggio e senza tante precauzioni: non esistevano bussole, sestanti o portolani. Diciamo pure che ci si accontentava che il tempo fosse buono, almeno il giorno della partenza, e che l'oracolo di Didima avesse dato il suo nulla osta. Stando così le cose, le carte nautiche di Anassimandro dovettero sembrare ai mercanti dell'epoca il non plus ultra del progresso, tanto più che il filosofo le aveva inzeppate di consigli e di annotazioni sui popoli che si sarebbero incontrati sul cammino.

Di Anassimandro si dice che abbia inventato lo gnomone,[3] ovvero l'orologio solare, e che abbia previsto un terremoto nella zona di Sparta salvando la vita a molti lacedemoni.[4] Le notizie sulla sua vita sono alquanto scarse: dalla

[1] Per le testimonianze e i frammenti riguardanti Anassimandro, cfr. *I Presocratici*, cit., vol. I, pp. 96-107.
[2] Diogene Laerzio, *Vite dei filosofi* II 2 (cfr. trad. it. cit., p. 57).
[3] Favorino di Arles racconta che Anassimandro disegnò nell'agorà di Sparta un quadrante, al centro del quale conficcò un'asta la cui ombra si spostava sul terreno a seconda dell'ora.
[4] Cicerone, *La divinazione* I 50, 112.

sua abilità di cartografo si deduce che deve aver molto viaggiato, così come molto viaggiarono tutti i filosofi presocratici. Senofane affermava di aver girato il mondo per sessantasette anni e Democrito si vantava di aver visto più popoli e regioni inesplorate di qualsiasi altro uomo del suo tempo.[5] Per quanto riguarda Anassimandro, sembra che da giovanotto abbia fondato una colonia sul Mar Nero chiamata, in onore del Dio, Apollonia,[6] e a questo proposito vorrei chiarire che quando dico «colonia» non bisogna subito pensare al colonialismo, per lo meno nel senso che noi diamo oggi alla parola: qui non si tratta di conquiste militari da parte di una potenza imperiale, bensì di semplici trasferimenti di uomini e suppellettili in una qualche insenatura disabitata. I greci ne fondarono più di millecinquecento nel solo Mediterraneo e portarono le loro abitudini e la loro mentalità fin sulle coste della Francia e della Spagna. Pare che una volta un certo Coleo, trascinato da una tempesta, abbia superato le Colonne d'Ercole e si sia installato addirittura sulle coste dell'Atlantico.[7]

Su Anassimandro, purtroppo, non ci sono aneddoti divertenti come su Talete, a eccezione di un episodio che lo vede nelle vesti di cantante. Si racconta che un giorno alcuni bambini, avendolo sentito cantare in coro, lo abbiano preso in giro per come stonasse, al che sembra che il filosofo si sia rivolto ai compagni dicendo: «Signori, per cortesia: cerchiamo di andare a tempo, *ca si no 'e peccerille ce sfottono*!».[8]

[5] J. Burckhardt, *Storia della civiltà greca*, trad. it., Firenze 1974² p. 134.
[6] Eliano, *Storia varia* III 17.
[7] Diogene Laerzio, *Vite dei filosofi* II 2 (cfr. trad. it. cit., p. 58).
[8] Erodoto, *Storie* IV 152 (cfr. trad. it. cit., vol. I, pp. 425-26).

Anassimandro scrisse *Intorno alla Natura*, *Il giro della Terra*, *Intorno alle stelle fisse*, *La sfera* e tante altre cose.[9] Di tutte queste opere non è rimasto praticamente nulla, a eccezione di quattro frammenti, costituiti ciascuno di una o due parole, e di una frase la cui interpretazione deve aver messo a dura prova più di uno storico della filosofia. Ecco la frase: «Il principio degli esseri è l'infinito.. da dove viene la vita degli esseri e dove si compie anche la loro distruzione, secondo necessità, giacché tutti pagano, l'uno all'altro, la pena e l'espiazione della ingiustizia, secondo l'ordine del tempo».[10]

Con questo enunciato, Anassimandro afferma che il principio vitale dell'Universo non è l'acqua, come credeva Talete, bensì una sostanza indefinita da lui chiamata *ápeiron*, dalla quale tutto avrebbe avuto origine e nella quale tutto sarebbe andato a finire. A dimostrazione di questa tesi, e in contrasto con quella del maestro, il filosofo sostenne che non era possibile che uno dei quattro elementi, Acqua Aria Terra e Fuoco, fosse l'essenza primordiale dell'Universo, perché in tal caso la supremazia di questo elemento avrebbe determinato la contemporanea scomparsa degli altri. Insomma Anassimandro era convinto che Acqua Aria Terra e Fuoco fossero solo entità limitate e che a comandare su loro ci dovesse essere un Super-elemento, un Mammasantissima invisibile allo stato naturale.

Ed ecco che piano piano comincia a diventare più chiara anche la seconda parte della frase: ogni qual volta uno di questi Esseri commette un'ingiustizia nei confronti degli altri, ovvero invade il loro campo, il Super-elemento, l'*ápeiron*, lo ricaccia nei suoi confini naturali. Gli elementi quindi sono concepiti da Anassimandro come degli Dei sempre pronti ad assalire i loro opposti: il Caldo vorrebbe

9 Cfr. *I Presocratici*, cit., vol. I, pp. 96-7.
10 Simplicio, *Commento alla Fisica di Aristotele* 24, 13.

prevaricare sul Freddo, il Secco sull'Umido e viceversa, ma la necessità li sovrasta tutti e impone loro che restino inalterate certe proporzioni. È chiaro che qui per giustizia dobbiamo intendere solo il rispetto dei limiti assegnati, purtuttavia un che di poetico c'induce a vedere qualcosa di più di un semplice equilibrio tra elementi diversi; alcune parole, in particolare, come «necessità» ed «espiazione», rivelano nel pensiero del filosofo il desiderio mistico di un ordine supremo.

Più suggestiva che mai è l'ipotesi di Anassimandro sulla nascita dell'Universo. Vediamo come ce la racconta Plutarco:[11]

«Egli dice che dall'Eterno si separarono il Caldo e il Freddo, e che una Sfera di fuoco si distese intorno all'aria che avvolgeva la Terra, come corteccia intorno a un albero; spaccatasi poi questa Sfera e separatasi in taluni cerchi, si formarono il Sole, la Luna e gli Astri.»

Dunque, ricapitolando: all'inizio c'era solo l'*ápeiron*, la sostanza infinita, poi il Caldo e il Freddo si separarono e si portarono l'uno all'esterno e l'altro al centro dell'Universo, generando rispettivamente il Secco e l'Umido. Questi ultimi due, secondo le migliori tradizioni di famiglia, continuarono a farsi la guerra: d'estate il Secco riusciva a prevalere e a strappare grandi quantità di mare, trasformandole in vapore acqueo, e d'inverno l'Umido riconquistava le posizioni perdute riprendendosi le nuvole e facendole precipitare sotto forma di pioggia o di neve. L'*ápeiron* sorvegliava dall'alto e faceva in modo che nessuno dei due avesse mai il sopravvento,[12] e speriamo, aggiungo io, che così sia per sempre nei secoli dei secoli, e che un giorno il Caldo ovvero la Bomba Atomica, non squagli definitivamente il Freddo che nella fattispecie saremmo noi e le nostre case.

11 Pseudo-Plutarco, *Stromata* 2.
12 Aristotele, *Meteorologia* II 359b 6-11.

L'alternarsi del Caldo e del Freddo non è un fenomeno che riguarda solo le stagioni: quasi tutte le manifestazioni dell'animo umano oscillano tra momenti di esaltazione e lunghe pause di riflessione. L'arte, la musica, la moda e tante altre espressioni della creatività subiscono l'influsso del dominatore di turno e passano con regolarità da fasi «lisce» a fasi «gassate». Sale e scende la gonna delle donne e, con essa, sale e scende la temperatura delle generazioni che si susseguono. Prendiamo come esempio il nostro secolo: a una generazione calda, come quella fascista, ne subentra una fredda, silenziosa e lavoratrice: quella della ricostruzione a cui mi onoro di appartenere. Nemmeno il tempo per riposarci ed ecco venir fuori i ragazzi del '68: una generazione che è poco definire bollente! Oggi abbiamo quella del riflusso. Temo la prossima. Che Dio ce la mandi buona!

Ritorniamo ad Anassimandro e vediamo come il filosofo dell'*ápeiron* immaginava che fosse fatto il mondo. Dunque, la Terra è una grande colonna cilindrica, bassa e larga (una specie di torta), sospesa nell'aria al centro dell'Universo.[13] Diciamo pure che essa non cade da nessuna parte giacché, trovandosi perfettamente al centro, non avrebbe motivo per scegliere una direzione piuttosto che un'altra. Questa torta è alta un terzo del proprio diametro ed è fatta di pietra.[14] Intorno alla Terra girano immense ruote di fuoco foderate di aria compressa. Sul bordo interno di queste ruote, là dove in genere si attaccano i raggi, ci sono invece dei buchi (anzi, per meglio dire, dei condotti simili a canne di flauto) attraverso i quali si riescono a intravedere i bagliori dell'involucro incandescente che è al di là dell'aria compressa. Gli astri quindi non sono dei corpi infuocati, così come a noi sembra di vedere, bensì solo i guizzi di quel

[13] Ippolito, *Confutazione di tutte le eresie* I 6, 1-7.
[14] Aezio, III 10, 2.

Fuoco che si trova all'esterno della volta celeste e che s'infiltra attraverso i «fori» delle ruote. La ruota del Sole è 27 volte più grande del diametro della Terra, mentre quella della Luna lo è solo 19 volte.

Anassimandro racconta che l'uomo nacque coperto di squame in una sostanza acquosa, una specie di fango, e che siccome all'inizio le condizioni climatiche erano tali da non consentire la vita, il poveretto fu tenuto in incubazione, per tutto il periodo dell'infanzia, nella bocca di alcuni animali molto simili ai pesci, dopo di che uscì all'aperto e, liberatosi delle squame, ce la fece a sopravvivere da solo.[15] Questa e altre cose scrivono gli storici sulle sue teorie. Il merito di Anassimandro sta nell'aver intuito la presenza di un qualcosa di supremo, a volte chiamato *ápeiron*, altre volte Necessità, che «tutte le cose abbraccia e tutte le regge»,[16] il che fa di lui un filosofo mistico e cosmologico nel medesimo tempo.

A me comunque la cosa che è più piaciuta è stata la faccenda delle stelle che s'intravedono attraverso i buchi delle ruote: la trovo di un'enorme suggestione. Tra l'altro mi ricorda un vecchio amico di papà, tale Alberto Cammarano, specializzato in statue di santi, teste d'angelo e presepi natalizi. Don Alberto li costruiva durante l'anno e poi li vendeva a Natale in un basso di via San Gregorio Armeno. M'insegnò tutti i trucchi del mestiere.

«*Guagliò*, se vuoi fare il cielo, ma proprio quello di quando nacque Gesù Bambino, tu ti devi comprare un cartoncino Bristol, uno di quei cartoni molto spessi attraverso i quali non passa la luce. Poi me lo pitti tutto blu, ma mi raccomando, che il blu sia scuro come la carta dei maccheroni! Dietro al cartone, attaccate al muro, ci piazzi le lampadine: tre o quattro a seconda della grandezza del

15 Aezio, V 19, 4.
16 Aristotele, *Fisica* IV 203b 4-15.

fondale. Come lampadine devi usare quelle bianco latte: fanno una luce più diffusa. Poi, e qui si vede l'arte, con una punta di spillo, fai nel cartone pittato dei piccoli buchi, tanti quante sono le stelle che hai deciso di mettere. Attenzione però, che questo è importante: i buchi debbono essere piccolissimi, praticamente invisibili. Allora succede che la luce delle lampadine si rifrange sui bordi dei buchi ed esce dall'altra parte tutta spezzata in decine e decine di raggi. E così a te sembrerà di stare a Betlemme proprio la notte di Natale, e farà freddo e sentirai le zampogne che suonano in lontananza.»

V
Anassimene

Anassimene,[1] anche lui di Mileto, è un filosofo meno importante dei due precedenti, come d'altra parte ci fa capire il suo nome che è quasi un diminutivo di quello di Anassimandro. A sua scusante diremo che gli è capitato di vivere in un brutto periodo, quando le cose per Mileto volgevano al peggio. In una sua lettera a Pitagora dice testualmente: «Beato te che te ne sei andato in Italia: i crotoniati ti vogliono bene e in gran numero ti vengono a udire anche dalla Sicilia. Qui invece il re dei medi incombe su di noi. Come vuoi che Anassimene possa dedicarsi tranquillamente all'osservazione degli astri, quando si trova sotto l'incubo della morte o della schiavitù?».[2]

Scrisse un trattato dal titolo *Intorno alla natura* del quale ci resta il solito frammento. Eccolo: «...Proprio come la nostra anima, l'aria ci tiene insieme, così il soffio e l'aria abbracciano il mondo intero...».[3]

In pratica Anassimene non volle guastarsi né con Talete né con Anassimandro, per cui tirò fuori una teoria, apparentemente originale, ma in sostanza abbastanza simile a quella dei suoi predecessori, secondo la quale la sostanza

[1] Per le testimonianze e i frammenti riguardanti Anassimene, cfr. *I Presocratici*, cit., vol. I, pp. 108-14.
[2] Diogene Laerzio, *Vite dei filosofi* II 5 (cfr. trad. it. cit., p. 59).
[3] Aezio, I 3, 4.

primordiale era l'aria, un elemento che si trova in natura come l'acqua di Talete e che ha la caratteristica di essere invisibile come l'*ápeiron* di Anassimandro.

Ecco qui di seguito le più importanti affermazioni di Anassimene:

– L'Universo è fatto di aria ed è sottoposto a due fenomeni meccanici: la rarefazione e la condensazione.

– Il fuoco è aria in condizioni particolarmente rarefatte; le nuvole, l'acqua, il fango, la terra e perfino le pietre sono aria che si è andata via via condensando.[4]

– I diversi elementi naturali differiscono tra loro per ragioni quantitative e non qualificative, essendo formati tutti dalla medesima sostanza.

– La rarefazione produce il Caldo (il fuoco) e la condensazione il Freddo (l'acqua), per cui Caldo e Freddo non sono cause ma effetti della trasformazione dell'aria.[5]

A noi quello che deve importare, non è tanto il fatto che al filosofo piacesse più l'aria che l'acqua, quanto la costatazione che a quest'aria siano state attribuite le prerogative della Vita e del Divino. Anassimene era uno che diceva: «l'Aria è Dio»[6] e nel frammento, già citato, aveva usato la parola «soffio» (in greco *pnéuma*), proprio per evidenziare che tutta la natura era permeata da questo respiro.

Come per i predecessori, la principale occupazione di Anassimene fu l'osservazione dei fenomeni naturali e lo studio dell'astronomia. Proviamo a immaginare di poter assistere a una delle sue famose lezioni.

È il 7 luglio del 526 a.C. ed è mezzanotte. I cittadini di Mileto sono andati a letto ormai da più di tre ore. Anassimene ci ha convocato, qui sulla collina di Kebalak, insieme

[4] Simplicio, *Commento alla Fisica di Aristotele*, 24, 26.

[5] La fisica moderna ha dimostrato proprio il contrario di quanto andava affermando Anassimene: negli aeriformi la rarefazione produce un raffreddamento, mentre la compressione determina un aumento della temperatura.

[6] Cicerone, *La natura degli dèi* I 10, 26.

a tutti quelli che, per usare una sua espressione, «hanno fame di cose celesti». Volutamente è stata scelta una notte senza luna per poterci consentire una migliore osservazione.

Il mare è una presenza nera e silenziosa. Aspirando intensamente col naso, è possibile sentire il profumo dei giardini di Samo portato fin quassù dalla brezza marina. Due giovanotti con torce di resina illuminano la scena e si dispongono ai lati del maestro. La luce della fiamma accentua la sacralità del suo viso. Nessuno osa parlare. A un certo punto il vecchio filosofo si porta al centro del gruppo e comanda che siano spente le torce. Si fa buio improvvisamente: non riusciamo a vedere più nulla, poi, a poco a poco, l'oscurità si attenua e le tuniche bianche degli allievi emergono al debole chiarore delle stelle. Sembra un raduno di fantasmi.

Anassimene volge lo sguardo al cielo, quindi verso di noi, dopo di che comincia a parlare. La sua voce è bassa e pacata, come se si trovasse nel Tempio.

«Miei giovani amici, io sono vecchio ormai e vedo gli astri più con gli occhi della mente che non con quelli del viso. Voi però, che avete Apollo Delfico che vi cammina a fianco, approfittate dell'acutezza dello sguardo per far pieno l'animo delle bellezze del cielo. Anch'io, molti anni fa, venni quassù da ragazzo ad ascoltare il grande Talete, e fu in quella occasione che lo sentii dire: "Anche tra le stelle è possibile trovare una strada per conoscere se stessi".»

«Ma non fu Chilone, figlio di Damagete, il primo a dire: "Conosci te stesso"?»

A parlare è stato un ragazzo dai capelli ricci, uno dei più giovani. La cosa desta un certo stupore tra i presenti: nel mondo greco è molto sentito l'*aidòs*, il rispetto per gli anziani, è raro quindi che un allievo possa interrompere il maestro nel bel mezzo della lezione.

Anassimene si volta lentamente verso il giovane e con tono appena appena più sostenuto gli risponde:

«Talete, figlio di Essamias, fu il primo a dire "conosci te stesso" ed è per questo che gli fu consegnato, con unanime consenso, il tripode d'oro. Chilone di Sparta, per libidine di fama, fu solo colui che gli rubò la massima; il che fa pensare che a volte anche la saggezza può bere alle fontane di Dioniso. Adesso, però, ritorniamo allo scopo della nostra riunione.»

Il filosofo fa ancora una pausa, quasi una tacita richiesta di attenzione, dopo di che riprende a parlare con lo stesso tono di prima: «Su di noi si apre la volta del cielo: essa copre la Terra come un *pileos*, il berretto di lana che tiene caldi i marinai quando escono di notte per mare, e come un *pileos* può ruotare intorno al capo del suo padrone, così la volta del cielo ruota intorno alle nostre teste.[7] La Terra è un piatto, è una tavola rotonda, è uno scudo sottile sostenuto dall'aria, e si trova sospesa a metà dell'Universo: essa non taglia l'aria ma la suggella a guisa di coperchio...».[8]

«Perdonami Anassimene,» interrompe di nuovo il giovane dai capelli ricci «tu hai detto che la Terra è un coperchio che suggella l'aria, eppure l'aria si trova anche al di sopra di essa, per quanto potrebbe non esserci, dal momento che non è possibile vederla e toccarla, così come si può vedere e toccare la tua tunica.»

«Chi sei tu ragazzo?» chiede Anassimene.

«Sono Ecateo, figlio di Melanto.»

«D'accordo, Ecateo, risponderò al tuo quesito: l'aria è sopra di noi, è sotto di noi, è dentro di noi. Sfugge alla tua vista perché per mostrarsi ha bisogno dell'aiuto del Caldo e del Freddo, del Secco e dell'Umido. A volte s'illumina di folgori, come fa il mare allorché viene tagliato dai remi,[9] e questo accade quando il vento squarcia le nubi; a volte si

[7] Ippolito, *Confutazione di tutte le eresie* I 7, 1-8.
[8] Aristotele, *Il cielo* II 294b 13-21.
[9] Aezio, III 5, 10.

tinge dei colori dell'iride, e questo succede dopo le tempeste, quando i raggi del Sole ne vestono gli strati più densi.[10] È aria tutto quello che vedi e tutto quello che non vedi. È aria anche Ecateo.»

«Ho capito» risponde il ragazzo. «È aria Ecateo ed è aria anche Anassimene; ora però parlaci del Sole e della Luna.»

«Il Sole è una tavola rotonda che fiammeggia nel cielo perché il suo muoversi troppo in fretta ne ha reso incandescenti gli strati più esterni.[11] Attenzione però: il Sole ruota intorno alla Terra e mai al di sotto di essa...»

«E allora perché scompare durante la notte?» chiede ancora Ecateo che ormai non ha più alcuna remora nel rivolgersi al maestro.

«Perché nel suo cammino notturno passa al di là delle terre dei traci e degli odrisi, dove gigantesche montagne di ghiaccio ce ne sottraggono la vista,[12] finché non giunge, più splendente di prima, sulle verdi pianure di Ninive e di Babilonia a illuminare i due fiumi.[13] Troppo basso perché noi lo si possa vedere, ma non troppo per la Luna che appunto dal Sole prende luce e che vaga nel cielo simile a tavola dipinta.[14] Se invece, come sosteneva Anassimandro, mio maestro e amico, l'astro lucente ruotasse al di sotto della Terra, noi dovremmo veder scomparire la Luna ogni notte, pezzo per pezzo, come un fiore a cui una fanciulla inquieta strappi i petali colorati a uno a uno.»

«E le stelle?»

«Alcune di esse sono vaganti come foglie di fuoco: ebbero origine sulla Terra a causa dell'umidità e poi divennero

[10] Scoli ad Arato, *Fenomeni*, 455, 1.
[11] Pseudo-Plutarco, *Stromata* 3.
[12] Ippolito, *Confutazione di tutte le eresie* I 7, 1-8.
[13] Il Tigri e l'Eufrate.
[14] Teone di Smirne, *Elementi di astronomia*, p. 199, 1-2 Hiller.

incandescenti a forza di successive rarefazioni;[15] noi le chiamiamo "pianeti". Altre, la quasi totalità, sono conficcate a guisa di chiodi[16] nella volta del cielo che, come per primi dissero i caldei, è un emisfero cristallino tutto coperto di ghiaccio.[17] Adesso però, miei giovani amici, la lezione è finita. Tornate a Mileto e che il sonno premi il vostro desiderio di scienza.»

Si riaccendono le torce. Iniziamo la discesa verso la città e, mentre ci si avvia, tutti discutono con fervore delle cose dette dal maestro. Se ho ben capito, secondo Anassimene, l'Universo è come una di quelle palle di vetro che si trovano nei negozi di souvenir: quelle che quando le rovesci viene giù la neve. Ebbene, in questa palla di vetro la Terra è un disco piatto posto proprio a metà tra i due emisferi, dei quali quello inferiore è tutto pieno d'aria e quello superiore contiene il Sole, la Luna e le altre stelle. Discuto anch'io con gli allievi e nel frattempo mi accorgo che il sentiero è diventato ancor più ripido e pericoloso. È buio e la luce delle torce non è sufficiente per tutti. Chissà dove è andata a ficcarsi la Luna? Dietro quale montagna si sarà nascosta? Vorrei chiederlo ad Anassimene ma me ne manca il coraggio. Il filosofo non parla: è impegnato anche lui a veder bene dove mettere i piedi e di tanto in tanto si aggrappa al braccio di Ecateo che gli cammina di fianco.

15 Ippolito, *Confutazione di tutte le eresie* I 7, 1-8.

16 Aezio, II 14, 3.

17 P. Tannery, *Pour l'histoire de la science hellène. De Thalès à Empédocle*, Paris 930², p. 154.

VI
Peppino Russo

Dopo Talete, Anassimandro e Anassimene, abbiamo Peppino Russo di Napoli, nato nel 1921 d.C. e morto nel 1975. Considero Russo, a ogni buon diritto, l'ultimo dei filosofi di Mileto e non ho alcuna difficoltà a dimostrarlo, anche se mi rendo conto che l'inserimento di un pensatore che si chiama Peppino nella storia della filosofia greca potrà sembrare a qualcuno una provocazione. Ma vediamo di capire come stanno i fatti.

Talete diceva che tutto era pieno di Dei, Anassimandro era convinto che gli elementi naturali fossero delle divinità sempre in lotta tra di loro e Anassimene pensava che anche le pietre avessero un'anima; ebbene, sulla scia di queste affermazioni, Peppino Russo asserì che tutte le cose del mondo possedevano un'anima, avendola carpita agli esseri umani nel corso della loro esistenza. A questo punto potrei parlare di ilozoismo e di immanentismo panteistico, poi però ho paura che il lettore si spaventi e smetta per sempre lo studio della filosofia, e allora mi limito a raccontare che tra i filosofi antichi,[1] di tanto in tanto, è saltato fuori qualcuno a

[1] Fra gli altri filosofi che possono essere definiti ilozoisti segnalo gli stoici, che assumono il fuoco come principio animatore, quindi Stratone di Lampsaco, Telesio, Giordano Bruno, Campanella e più di tutti Spinoza che, in proposito, attribuisce diversi gradi di vita alla materia.

cui piaceva credere che tutte le cose del mondo fossero animate. Questo modo di pensare fu definito «ilozoismo», parola greca composta da *hýle* che significa «materia» e *zoé* che significa «vita».

Il mio incontro con Peppino Russo fu del tutto casuale: nel '70 don Peppino viveva a Roma in una casetta di periferia dalle parti di Vigna Stelluti. Un giorno, per evitare un ingorgo di traffico sulla Cassia antica, m'infilai in un viottolo trasversale e qui, dopo un paio di curve, quando meno me l'aspettavo, mi si parò davanti uno spettacolo incredibile: per un centinaio di metri, tutti gli alberi prospicienti alla strada erano stracarichi di bambole e di giocattoli vecchi. Malgrado la fretta, mi fermai e chiesi delle spiegazioni all'unico passante che riuscii a trovare nella zona. Non fui fortunato: l'uomo si dichiarò subito infastidito dalle mie domande; disse che non ne poteva più, che quella pagliacciata era opera d'*er bambolaro* e che era inutile che io stessi lì ad aspettare, tanto quello *de giorno sta sempre a cercà bambole nella monnezza*!

Nei giorni successivi passai altre volte per la «strada delle bambole», senza mai vedere però questo famoso *bambolaro*; in compenso la scena mi diventava sempre più familiare: di giorno era come una festa di Natale, di notte, un film di Dario Argento. A proposito, dimenticavo di dire che *er bambolaro* era solito appendere dei grandi cartelli con delle scritte, un po' come quei Savi dell'oracolo di Delfi. Provo a citarne qualcuna a memoria: «Uomo, tu sei la natura, se la distruggi, distruggerai te stesso» e poi «Ieri sera il mondo mi ha fatto paura» e poi ancora «Sei grande eppure non sei capace di vivere senza fare la guerra».

Finalmente un bel giorno, ecco spuntare da dietro una siepe un uomo con un orsacchiotto spelacchiato fra le mani. Mi fermai.

«Buongiorno» dissi, senza scendere dalla macchina.

«Buongiorno» rispose lui.

«Mi scusi, ma vorrei sapere il motivo per cui... cioè volevo dire, sempre se non sono indiscreto, sia chiaro, lei perché...»

«...attacco le bambole agli alberi?» disse don Peppino togliendomi dall'imbarazzo della domanda diretta.

«Be', sa com'è, a volte... la curiosità.»

«Vi hanno già detto che sono pazzo?»

«Non proprio» risposi diplomaticamente, dandogli anch'io del voi «diciamo che ho incontrato un tipo a cui non dovevate stare molto simpatico.»

«Voi ci credete all'esistenza dell'anima?»

«Come no!» esclamai. «Insomma sì... voglio dire che... praticamente ci credo.»

«Non mi sembrate molto convinto.»

«No, no, ci credo.»

«E allora, se permettete, io penso di crederci un pochino più di voi» precisò lui mettendosi a ridere. Poi, divenuto improvvisamente serio, mi guardò fisso negli occhi, come se avesse voluto capire con che tipo di uomo aveva a che fare. «Sentite, fate una cosa: parcheggiate la macchina in quello spiazzo e venite dentro a prendere un caffè.»

In realtà mi dette da mangiare pane formaggio e fave, il che mi fece pensare un poco a Epicuro e alla sua frugalità. Tra un bicchiere di bianco e una fetta di pecorino, mi raccontò tutto quello che volevo sapere sulla sua vita e sulla teoria dell'anima.

Don Peppino era stato sottufficiale dell'aeronautica, se ricordo bene sergente maggiore, sapeva suonare il violino e, a tempo perso, faceva anche il pittore. Come tutti i filosofi della scuola milesia, aveva molto viaggiato: era stato in America, in Australia, in Francia e, fatto importantissimo ai fini della nostra storia, a Rodi, dove, sbarcato come prigioniero di guerra nel '42, era rimasto a lavorare per altri nove anni. Ora, per chi non lo sapesse, l'isola di Rodi si trova pochi chilometri a sud di Mileto. Quando si dice: le combinazioni della vita!

«Allora don Peppì, mi stavate dicendo che, secondo voi, tutte le bambole hanno un'anima.»

«Voi correte troppo, carissimo professore, le cose non stanno in questi termini» precisò il mio filosofo mentre con una specie di *molletta* tagliava fette di pecorino. «Non è che tutti i giocattoli, appena escono dalle fabbriche, hanno subito un'anima. Nossignore, in quel momento sono solo dei semplici oggetti senza nessuna individualità. Come però un bambino comincia ad amarli, ecco che dei pezzetti dell'anima di colui che ama si vanno a ficcare all'interno della plastica e la trasformano in materia viva. A questo punto non è più possibile buttarli via, anche se nel frattempo si sono rotti e ammaccati. Ed è per questo che io li vado raccogliendo un po' dappertutto e li faccio continuare a vivere sugli alberi, in mezzo ai fiori, al sole e alla pioggia.»

«Questo per le bambole, ma immagino che la stessa cosa accada per qualsiasi altro tipo di oggetto?»

«È logico. L'importante è avere chiaro nella mente che cosa significa per noi "vita" e che cosa significa "morte". Adesso però vorrei farvi una domanda molto personale: avete mai visto il cadavere di una persona a cui volevate molto bene?» don Peppino attese per qualche attimo la mia risposta, dopo di che mi si avvicinò con la sedia e riprese a parlare con voce più bassa. «A me è successo con mio padre. Avevo sempre pensato che il giorno della sua morte avrei fatto, come diciamo noi a Napoli, *cose 'e pazze*, che sarei rimasto distrutto dal dolore. Ebbene non ci crederete: quando tutto questo è veramente accaduto io non ho provato alcuna emozione, diciamo che non sono riuscito nemmeno a farmi venire le lacrime. Stavo lì impalato, senza dire niente, e nel frattempo cercavo dentro di me delle giustificazioni. Mi dicevo: non piango perché sono intontito, non piango perché non riesco a pensare. Nossignore, la spiegazione del mio comportamento era molto più elementare: io mi rifiutavo di riconoscere il cadavere! Quella sagoma lì, stesa sul letto funebre, era solo una cosa, chiaramente priva di anima, che non aveva nulla a che vedere con mio padre.»

S'interruppe, si alzò di scatto e uscì dalla stanza per rientrare subito dopo con alcuni oggetti tra le mani. Erano degli occhiali da vista, un orologio da ferroviere con il vetro incrinato, una agendina telefonica, una pipa, un fermacarte di marmo raffigurante un leone.

«Fu solo il giorno dopo che, entrando nella sua camera per cercare dei documenti, vidi alcuni di quegli oggetti che siamo soliti chiamare: effetti personali. Vederli e sentirmi prendere dalla commozione fu tutt'uno: finalmente riuscivo a piangere! Ecco dove si era nascosto mio padre: nel plaid scozzese, nella stilografica col cappuccio d'oro, nella poltrona di pelle dai braccioli scorticati, nelle tante cose, con le quali aveva diviso ogni giorno la sua solitudine.»

Avrei voluto fare qualche commento ma non mi veniva niente da dire. Tra l'altro la vista di quelle cianfrusaglie mi aveva trasmesso una strana sensazione di disagio, come se veramente mi fossi trovato in presenza del padre di don Peppino. Feci un'altra domanda, una qualsiasi, tanto per rompere il silenzio.

«Anche questo coltello ha un'anima?»

«Ne possiamo essere sicuri,» mi rispose senza esitare, e prese la *molletta* dalla parte della lama facendola oscillare davanti ai miei occhi «qui c'è un pezzo della mia anima e, aggiungo, del mio carattere. Oggi questo coltello, grazie all'influenza di una persona amante della pace, è diventato un arnese domestico, privo di qualsiasi aggressività, buono solo a tagliare il formaggio. Ma esiste anche l'anima di questa stanza, quella del quartiere e quella dell'intera città. Queste ultime sono anime complesse, ottenute per sovrapposizioni successive di anime influenti.»

«Volete dire una specie di media aritmetica delle anime di coloro che vivono in un luogo?»

«Non proprio. L'anima di una città è un'entità a sé stante, una presenza che si è andata formando col tempo e che è stata costruita dagli individui che vi hanno gioito e sofferto nel corso dei secoli. Più la città è antica e meno modificabile è la sua anima da parte degli ultimi abitanti. Prendiamo il caso di Roma: per secoli è stata la meta di chiunque avesse qualcosa da dire. Michelangelo, il Caravaggio, il Bernini, Orazio, Giordano Bruno e migliaia di altri artisti e pensatori sono venuti qui a vivere e a morire. Come potrebbero le pietre di Roma essere uguali a quelle di Los Angeles?! E supponiamo che qualcuno mi sequestri e che, dopo avermi bendato, mi liberi in una strada a me sconosciuta di Milano o di Bologna; ebbene, io sono sicuro che, appena liberato, saprei riconoscere la città dove mi trovo. Direi: questa è Milano, oppure, questa è Bologna! Allora uno mi potrebbe chiedere: ma come hai fatto? Hai forse intravisto il Duomo, la torre degli Asinelli? Nossignore, gli risponderei, ho sentito sulla pelle l'anima dell'aria, dei tetti e degli intonaci della città.»

Visto che il caffè non mi era stato ancora offerto, pensai bene di andare in cucina per farlo da me. Don Peppino era troppo infervorato nel suo discorso per occuparsi di simili sciocchezze: si limitò a passarmi il necessario.

«E così anche questa cucina ha un'anima e non soltanto la mia, sia chiaro. E allora mi chiedo: chi ha vissuto in questa casa negli anni passati? Un contadino? Un sarto? Un assassi-

no? La risposta la possiamo avere solo dalle nostre emozioni.»

Mi guardai intorno ed ebbi l'impressione che mille occhi mi stessero seguendo mentre preparavo il caffè.

VII

Pitagora superstar[1]

Il dio Ermes,[2] volendo fare un regalo al figlio Etalide, gli promise qualsiasi cosa avesse voluto a eccezione dell'immortalità, ed Etalide pensò bene di chiedergli un'eterna memoria, ovvero la possibilità di ricordare, anche dopo morto, tutte le vite precedenti. Grazie a questa facoltà, Pitagora sostenne di aver già vissuto quattro volte[3] e, in particolare, di essere stato prima Etalide, poi Euforbo, nei cui panni era stato ferito a Troia da Menelao, quindi Ermotimo, che a dimostrazione di quanto sopra aveva riconosciuto in un tempio lo scudo di Menelao, e infine Pirro, un povero pescatore dell'isola di Delo. Tra una reincarnazione e l'altra, la sua anima si era trasferita in numerose specie animali e perfino in qualche pianta. Altre volte invece gli era capitato di scendere nell'Ade,[4] dove aveva intravisto Omero appeso a un albero ed Esiodo incatenato a una colonna, colpevoli entrambi di aver trattato gli Dei con troppa familiarità. La serie delle apparizioni di Pitagora comunque non termina con lui: alcuni biografi posteriori[5] raccontano che il filosofo si sia reincarnato di nuovo in un

1 Per le testimonianze e i frammenti riguardanti Pitagora, cfr. *I Presocratici*, cit., vol. I, pp. 115-31.

2 Secondo altri, il padre di Etalide fu Apollo.

3 Diogene Laerzio, *Vite dei filosofi* VIII 4 (cfr trad. it. cit., p. 384).

4 Diogene Laerzio, *Vite dei filosofi* VIII 21 (ctr. trad. it. cit., p. 391).

5 Aulo Gellio, *Notti attiche* IV 11, 14.

certo Periandro, quindi nel corpo di un uomo chiamato anch'egli Etalide e, per finire, nelle vesti profumate di Alco, una bellissima donna che di mestiere faceva la puttana. A conti fatti pare che il ciclo delle reincarnazioni fosse di 216 anni[6] per cui l'ultima apparizione sulla Terra dovrebbe essere avvenuta intorno al 1810 d.C. Tenuto conto delle sue inclinazioni politiche potrebbe essere stato anche Camillo Benso conte di Cavour, nato per l'appunto quell'anno.

Erodoto racconta che Pitagora ebbe come schiavo un Dio, un certo Zamolxis.[7] Questo schiavo, una volta diventato libero e molto ricco, si costruì una bellissima villa e invitò a cena i «primi cittadini» del suo paese nativo. Durante il banchetto Zamolxis comunicò agli invitati che essi non sarebbero mai morti e che lui stesso era un immortale che andava e veniva dall'Ade a suo piacimento. Ciò detto scomparve all'improvviso e si rinchiuse in un appartamento sotterraneo che si era precedentemente costruito. Qui rimase per più di tre anni finché un giorno, quando ormai tutti lo davano per morto, spuntò fuori, più arzillo che mai, e fu venerato come un Dio dal popolo dei geti.

Da tutte queste cose, si capisce subito che su Pitagora la leggenda si è sbizzarrita e ha detto tutto quello che ha voluto. Giustamente gli storici più seri si sono sempre rifiutati di riportare gli aneddoti scritti su di lui: il De Ruggiero, per esempio, sostiene che «per una ricostruzione storica del pitagorismo, tutto questo materiale non ha alcun valore» e l'Adorno conferma che «poco o nulla si sa di storicamente documentabile». Io invece, che con la serietà ho sempre avuto un rapporto difficile, non ho alcun problema a raccontare tutto quello che ho letto e, soprattutto, le cose che mi hanno più divertito.

[6] Il 216 era uno dei numeri magici della scuola pitagorica, essendo il cubo del numero 6.
[7] Erodoto, *Storie* IV 95 (cfr. trad. it. cit., vol. I, p. 399).

Mi auguro solo che un giorno qualcuno scriva un elogio della Bugia, giacché, a differenza di quanto si crede, la Bugia ha pur sempre il suo valore storico. Voglio dire che se Giamblico e Porfirio, i principali biografi di Pitagora, hanno ritenuto opportuno raccontare certi episodi della vita del filosofo, ciò vuol dire che questi episodi dovevano essere aderenti al suo carattere e, in quanto tali, utili alla comprensione del personaggio. E poi, alla fin fine, anche se un giorno la Verità riuscisse a dimostrare la falsità di qualche aneddoto, peggio per la Verità che, così facendo, ammetterebbe i suoi limiti nei confronti della fantasia!

Pitagora, figlio del gioielliere Mnesarco, nacque nel 570 a.C. nell'isola di Samo, a poche miglia dalla città di Mileto. Grazie a una raccomandazione avuta dallo zio Zoilo,[8] fece la scuola d'obbligo con il grande Ferecide che, a quanto racconta Apollonio,[9] come prima cosa gl'insegnò a fare i miracoli. Morto Ferecide, volendo specializzarsi in scienze matematiche, pensò bene di rivolgersi ai più illustri professori dell'epoca: i sacerdoti egiziani. Mise quindi in una valigia tre calici d'argento, presi dal negozio di papà, una lettera di raccomandazione del tiranno Policrate per il Faraone Amasi, e s'imbarcò sulla prima nave in partenza. Detto per inciso, non so se ci avete fatto caso, ma anche a quei tempi tutto andava avanti a botta di bustarelle e raccomandazioni! Comunque, una volta raggiunto l'Egitto, le cose presero subito una brutta piega: i sacerdoti Eliopoliti, malgrado il regalino del calice d'argento e il fatto che Pitagora fosse «persona» del Faraone, si dichiararono ipocritamente indegni di un così illustre allievo e lo spedirono ai più anziani e venerabili sacerdoti di Menfi; questi a loro volta, con lo stesso pretesto, lo scaricarono ai sacerdoti di Tebe, i terribili Diopoliti, i quali, buon ultimi, non avendo

[8] Diogene Laerzio, *Vite dei filosofi* VIII 2 (cfr. trad. it. cit., p. 383).
[9] Diogene Laerzio, *Vite dei filosofi*, loc. cit.

più a chi passare la patata bollente, lo sottoposero a prove di eccezionale durezza. Avevano fatto i conti senza il carattere tosto di Pitagora: il nostro filosofo superò brillantemente qualsiasi ostacolo e finì col conquistarsi l'ammirazione dei suoi stessi aguzzini che, giunti a quel punto, non poterono fare a meno di accoglierlo come un fratello e di metterlo a parte di tutti i misteri.[10]

Terminata l'esperienza egiziana, Pitagora completò la sua preparazione andando in giro per il mondo:[11] c'è chi lo segnala allievo dei caldei per l'astronomia, dei fenici per la logistica e la geometria, e dei Magi[12] per i riti mistici. I suoi incontri con le personalità del secolo sono tanto numerosi quanto improbabili: ho letto perfino di una sua visita di cortesia a Numa Pompilio che, fino a prova contraria, era già morto cento anni prima della sua nascita. Tra gli incontri determinanti dobbiamo citare quello con il persiano Zarathustra[13] durante il quale Pitagora apprese la teoria degli opposti. Tutto, diceva Zarathustra, si genera dallo scontro delle forze del Bene e del Male; con le prime si schierano la Luce e l'Uomo, con le seconde le Tenebre e la Donna. È strano, ma non c'è stato nessuno di questi profeti spirituali dell'umanità (Zarathustra, Isaia, Confucio, Maometto, Paolo di Tarso e compagnia cantando) che abbia messo qualche volta la Donna dalla parte del Bene. Chissà perché.

Ma torniamo a Pitagora: terminati gli studi, rieccolo in patria come maestro del figlio di Policrate, il tiranno di Samo. E qui dobbiamo spendere due parole su quel grande farabutto del VI secolo che fu Policrate.[14] Più che un re

[10] Porfirio, *Vita di Pitagora* 7.
[11] Porfirio, *Vita di Pitagora* 6.
[12] I Magi erano una delle sei tribù in cui si divideva il popolo dei medi in Asia Minore. Avevano fama di essere tutti esperti di magia, che da loro prese nome.
[13] Ippolito, *Confutazione di tutte le eresie* I 2, 12.
[14] B. Russell, *Storia della filosofia occidentale*, Verona 1979,[3] pp. 49-50

costui era un vero e proprio pirata: le sue navi razziavano chiunque osasse avvicinarsi alle coste ionie. In politica estera si alleava sempre con i peggiori salvo a cambiare bandiera non appena aveva sentore che il vento girasse. Insomma era un poco di buono. A corte poi non ne parliamo: non faceva che gozzovigliare insieme ad alcuni intellettuali come Ibico e Anacreonte e a un centinaio di giovani ragazze e di leggiadri fanciulli.[15] A Pitagora, moralista come tutti i santoni, questa vita di stravizi non poteva andare a genio; decise quindi, a quarant'anni suonati, di prendere di nuovo la via del mare e di sbarcare a Crotone sulle coste italiane.[16] Qui l'assemblea degli anziani lo invitò a parlare ai giovani della saggezza greca e lui, manco a dirlo, ne approfittò immediatamente per tirar su una casta di 300 allievi con cui impadronirsi di tutte le leve del potere.

Pitagora fondò una scuola, anzi per meglio dire una setta, dove venivano osservate una serie di regole stranissime. Eccone alcune:

- Non mangiare le fave;
- Non spezzare il pane;
- Non attizzare il fuoco col ferro;
- Non toccare il gallo bianco;
- Non mangiare il cuore;
- Non guardarti nello specchio accanto al lume;
- Quando t'alzi dal letto non lasciare l'impronta del tuo corpo;
- Quando togli la pignatta dal fuoco rimescola le ceneri.

Forse è inutile cercare di capirci qualcosa: nelle religioni molto spesso i precetti rappresentano solo una disciplina utile a infondere lo spirito di gruppo. Nel nostro caso al massimo potremo ricavarne qualche significato metaforico:

[15] Erodoto, *Storie* III 39-46, 121 (cfr. trad. it. cit., vol. I, pp. 286-89, 330).
[16] Diogene Laerzio, *Vite dei filosofi* VIII 3 (cfr. trad. it. cit., p. 384).

«non spezzare il pane» ad esempio potrebbe voler dire «non separarti dagli amici» oppure il «non attizzare il fuoco con il ferro» starebbe per «sii sempre disposto a perdonare». In ogni caso il comandamento più astruso del catechismo pitagorico resta sempre quello delle fave.[17] Dio solo sa perché Pitagora odiasse tanto questo innocuo legume! Secondo Aristotele, era per via di una qualche rassomiglianza con l'organo maschile; secondo altri, invece, si trattava di un'allergia che si portava dietro fin da bambino. Certo che in sua presenza era proibito perfino nominarle.

Gl'iniziati vivevano tutt'insieme secondo il regime della comunità dei beni. Ogni sera al tramonto erano costretti a porsi tre domande: a) che cosa ho fatto di male, b) che cosa ho fatto di bene, c) che cosa ho omesso di fare. Dopo di che dovevano pronunciare la seguente frase: «Lo giuro su Colui che ha rivelato alla nostra anima la divina *tetraktýs*».[18]

Tutte le notti il Maestro parlava. Ad ascoltarlo venivano da ogni parte del mondo. Lui però non si mostrava a nessuno: parlava tenendosi nascosto dietro a una tenda. Chi per combinazione, fosse anche di sfuggita, riusciva a vederlo, se ne gloriava poi per tutta la vita.[19] «Egli aveva un aspetto maestoso, il volto splendente e le chiome ondeggianti, era avvolto in un manto bianco e da tutto il suo essere emanava un'affabile dolcezza.»[20] Ogni suo discorso iniziava con la frase: «Per l'aria che respiro, per l'acqua che bevo, non sopporterò alcuna obiezione su ciò che sto per dire»[21] e questo ci fa capire su come la pensasse in fatto di democrazia.

17 Aulo Gellio, *Notti attiche* IV 11, 1-2.
18 La *tetraktýs* era il numero 10, numero divino per eccellenza secondo i pitagorici.
19 Diogene Laerzio, *Vite dei filosofi* VIII 15 (cfr. trad. it. cit., p. 389).
20 J. Burckhardt, *op. cit.* vol. II, p. 20.
21 Diogene Laerzio, *Vite dei filosofi* VIII 6 (cfr. trad. it. cit., p. 385).

Solo pochi fortunati erano ammessi alla sua presenza: gli stessi allievi non avevano il bene di vederlo se non dopo cinque anni di studi. Un giorno una matricola, sgusciata di nascosto nei suoi appartamenti, riuscì a scorgerlo mentre faceva il bagno in una tinozza e raccontò agli altri di aver intravisto una coscia d'oro;[22] per Eliano invece sembra che sia stato lui stesso, a Olimpia, a mostrare in teatro il suo femore d'oro.[23]

Pitagora era solito dividere il prossimo in due categorie: i matematici, ovvero coloro che hanno diritto ad accedere alla «conoscenza» (*mathémata*), e gli acusmatici che invece possono solo stare a sentire.[24] Per meglio differenziare i due gruppi, costruì un linguaggio su misura per soli addetti ai lavori, quindi codici numerici, messaggi simbolici e altre diavolerie tutte tendenti a conservare il potere attraverso l'informazione. In pratica Pitagora potrebbe essere considerato l'inventore della massoneria o, quanto meno, il precursore delle associazioni segrete. La sua setta, che potremo battezzare P1, aveva tutte le caratteristiche di una loggia massonica: la segretezza, il rito d'iniziazione, la figura del Gran Maestro, l'aiuto reciproco tra fratelli, i simboli, i compassi, le squadre e via dicendo. A proposito di segretezza, la legge della scuola non aveva alcuna pietà per i trasgressori: si racconta che un giorno un allievo, tale Ippaso, rivelasse al mondo intero l'esistenza dei numeri irrazionali e la conseguente incrinatura dell'armonia numerica su cui reggeva il castello delle teorie pitagoriche;[25] ebbene, il traditore non fece molta strada: colpito dalla maledizione del Maestro, naufragò a poche miglia da Crotone, mentre cercava disperatamente di prendere il largo.

A Pitagora furono attribuiti numerosi eventi straordina-

[22] Diogene Laerzio, *Vite dei filosofi* VIII 11 (cfr. trad. it. cit., p. 387).
[23] Eliano, *Storia varia* II 26.
[24] A. Plebe, *Storia del pensiero*, Roma 1979, vol. I, p. 22.
[25] L. Robin, *Storia del pensiero greco*, Verona 1978, p. 55.

ri. Ecco un elenco dei più verosimili: uccise un serpente velenoso con un morso.[26] Conversò per molti anni con un'orsa daunica.[27] Persuase una giovenca a non mangiare più fave.[28] Accarezzò un'aquila bianca che era scesa dal cielo apposta per salutarlo.[29] Fu visto nello stesso istante sia a Crotone che a Metaponto.[30] Fu salutato a gran voce dal fiume Nesso che, scorrendo accanto a lui, pare avesse esclamato: «Salve o Pitagora».[31] [32]

Ad accentuare il carattere sovrannaturale del personaggio, egli fu considerato dai suoi allievi una razza a parte. Di lui si soleva dire «tre sono le nature dell'Universo: gli Dei, i mortali e quelli come Pitagora».[33] Il suo nome, nelle conversazioni, non veniva mai fatto esplicitamente: si preferiva usare l'espressione «quell'Uomo» oppure il più dogmatico *autós éfe* (lui stesso lo ha detto) che poi, per molti secoli ancora, nella versione latina *ipse dixit*, servirà a porre fine a qualsiasi discussione.[34]

Le regole, i misteri, il carattere dogmatico del suo insegnamento, finirono alla lunga per infastidire gli ambienti più democratici di Crotone. Come si dice a Napoli: «*Dalle e dalle se scassano pure 'e metalle!*». Tra l'altro, diciamo la verità, i pitagorici non facevano niente per rendersi simpatici: guardavano tutti dall'alto in basso, si davano la mano solo tra colleghi e cercavano d'imporre a chiunque il loro catechismo. Ora, tutto si può perdonare ai potenti tranne

[26] Giamblico, *Vita di Pitagora* 142.
[27] Eliano, *Storia varia* IV 17.
[28] Giamblico, *Vita di Pitagora* 60-1, 142.
[29] Eliano, *Storia varia* IV 17.
[30] Eliano, *Storia varia* II 26.
[31] Giamblico, *Vita di Pitagora* 134.
[32] Prego notare che non ho parlato di Pitagora inventore dei raggi X e dell'aranciata pitagorica, come riportato da Francesco Grillo nella sua *Vita di Pitagora*.
[33] Giamblico, *Vita di Pitagora* 31.
[34] L. Robin, *op. cit.*, p. 55.

la pretesa di voler riformare il prossimo a ogni costo. E fu proprio a causa dell'integralismo bigotto dei pitagorici se un bel giorno Crotone decise di dichiarare guerra ai sibariti, colpevoli, secondo Pitagora, di godersi la vita senza troppi pensieri. L'esito dello scontro, come sempre accade quando a capo della fazione vittoriosa c'è un riformatore religioso, fu senza pietà per i vinti: la raffinata Sibari venne completamente rasa al suolo e tutti i suoi abitanti uccisi a fil di spada.[35]

Nel frattempo a Crotone si andava formando un partito anti-Pitagora. Capo di questa opposizione era un certo Cilone, giovanotto di buona famiglia e di carattere violento. Costui, avendo visto respinta la propria domanda d'ammissione al club dei pitagorici, non ebbe più pace finché non riuscì a trovare un modo per vendicarsi.[36] Una notte, alla testa di un centinaio di teppisti, circondò il quartier generale dei pitagorici, ovvero la villa dell'atleta Milone, e dopo aver invitato inutilmente i filosofi a venir fuori, dette fuoco alla casa. Pochissimi riuscirono a fuggire, tra essi Archippo, Liside e lo stesso Pitagora. Sennonché, proprio dietro la casa di Milone, c'era un vasto campo di fave e il vecchio Maestro, pur di non attraversarlo, preferì farsi uccidere dai congiurati. Secondo Porfirio invece,[37] i cilonei erano delle brave persone: lo catturarono e lo rilasciarono subito dopo, dicendogli « caro Pitagora, tu sei molto intelligente, però noi siamo contenti delle leggi che abbiamo e non vogliamo che tu le cambi. Vattene e lasciaci in pace! ». Secondo Dicearco infine,[38] il filosofo si rifugiò a Metaponto, nel tempio delle Muse, e qui si lasciò morire d'inedia

[35] Diodoro Siculo, XII 9, 2-10, 1.
[36] Giamblico, *Vita di Pitagora* 248-9.
[37] Porfirio, *Vita di Pitagora* 56.
[38] Dicearco, fr. 34 Wehrli.

con la scusa che non aveva più voglia di vivere. C'è chi dice che sia vissuto 70 anni, chi 90, chi 107 e chi addirittura più di 150.[39]

Un giorno Leonte, tiranno di Fliunte, chiese a Pitagora: «Chi sei?» e lui gli rispose: «Sono un filosofo»[40] e fu così che per la prima volta è stato pronunziato questo termine, che poi, tradotto alla lettera, vorrebbe dire «amante della sapienza». Ciò nonostante Pitagora, pur essendo il primo filosofo della storia a fregiarsi di questo titolo, fondò una scuola che, per ambizione di potere, divenne ben presto più una setta politica che non un'Università di studi filosofici. C'è chi ha avanzato l'ipotesi che il pitagorismo sia stato una specie di succursale dell'orfismo, ovvero di un movimento religioso fiorito in Grecia nel VII secolo, nel quale gli affiliati, con la scusa di doversi identificare col dio Dioniso, se la spassavano tra orge e baccanali. Ebbene, malgrado i sospetti che nutro nei confronti del personaggio Pitagora, non posso essere assolutamente d'accordo su questa tesi: associare i pitagorici agli orfici è come confondere gli arancioni di Krisna con i tifosi italiani un'ora dopo la partita vinta col Brasile ai campionati del mondo: tanto contemplativi i primi quanto dionisiaci i secondi. E poi, a parte l'interesse per la matematica, in Pitagora noi troviamo un quintale d'intelligenza in più e la continua ricerca di una condizione mistico-razionale.

Non avendo Pitagora scritto nessun libro, per sapere qualcosa sul suo pensiero è necessario rifarsi a quanto ci viene raccontato dai vari discepoli scrittori, e precisamente da Alcmeone, il suo medico di fiducia, da Archita, il tiranno di Samo, e da Filolao, un giovanotto di Crotone. Ci sono

[39] Giamblico, *Vita di Pitagora* 265.
[40] Diogene Laerzio, *Vite dei filosofi* VIII 8 (cfr. trad. it. cit., p. 386).

infine certe notarelle scritte da Aristotele il quale, detto fra noi, sembra avere nei confronti di Pitagora un po' di puzza sotto il naso: lo nomina solo cinque volte e per il resto se la cava con espressioni del tipo: «I cosiddetti pitagorici dicono...».

Volendo illustrare la dottrina di Pitagora, onde non essere sommersi dal diluvio di notizie che ci giungono su di lui, è opportuno concentrare la nostra attenzione su tre argomenti fondamentali: la metempsicosi, il Numero e la visione del cosmo.

Della metempsicosi ho già parlato all'inizio di questo capitolo: Pitagora asseriva di essere vissuto in epoche precedenti ben quattro volte e di aver «visitato», durante gl'intervalli, vari corpi di piante e di animali. È quasi certo che il nostro filosofo abbia importato questa teoria dall'Estremo Oriente, tanto più che ancor oggi in India c'è chi la ritiene una cosa possibile. Secondo la metempsicosi, l'anima trasmigra da un corpo all'altro e viene promossa a un livello superiore (diventando mercante, atleta o spettatore[41]) o retrocede in una serie inferiore (albero, cane, pecora, maiale ecc.) a seconda di come si è comportata sulla terra. La morte, secondo Alcmeone,[42] consente l'aggancio di una «fine» con un altro «principio» per cui, mentre un corpo muore, l'anima, in quanto immortale, percorre una traiettoria circolare, né più né meno di quan-

[41] «In questa vita, dice Pitagora, ci sono tre tipi di uomini, proprio come ci sono tre categorie di persone che vanno ai giochi olimpici. La classe più bassa è formata da coloro che vanno a comprare e a vendere. Poi ci sono quelli che gareggiano per la gloria. Migliori di tutti sono però quelli che vanno semplicemente a vedere. La purificazione più perfetta è quindi la scienza disinteressata e ad essa si dedica l'autentico filosofo che si è completamente liberato dai vincoli della natura.» Questa apologia dello spettatore è riportata da B. Russell, *op. cit.*, p. 52.

[42] Alcmeone, fr. 2 Diels-Kranz.

to non fanno le stelle in cielo. Il corpo, aggiunge Filolao,[43] altro non è che una tomba, una prigione dove l'anima è costretta a espiare le proprie colpe. Di qui l'etica pitagorica: comportati bene, se no addio promozione!

Per colpa di questa teoria della metempsicosi, Pitagora è stato ampiamente sfottuto sia dai contemporanei che dai più illustri drammaturghi: Senofane, in un suo scritto, ce lo mostra nell'atto di trattenere per un braccio un uomo che bastona un cane.[44]

«Ti prego,» dice Pitagora «non picchiare il tuo cane giacché in esso, temo si trovi l'anima di un mio amico.»

«E come fai a dirlo?» chiese l'uomo.

«Ne ho riconosciuto la voce.»

Anche Shakespeare non è da meno: nella *Dodicesima notte* ci regala questo scambio di battute sulla metempsicosi:

BUFFONE - Malvolio, perché mai sei così contrario alla caccia?

MALVOLIO - Perché Pitagora ha detto che nel corpo di un beccaccino potrebbe albergare l'anima di mia nonna.

BUFFONE - E allora resta pure nella tua ignoranza, giacché non ti riconoscerò guarito fin tanto che non avrai il coraggio di uccidere almeno un beccaccino senza il timore di dover sfrattare l'anima di tua nonna.

Più che nella metempsicosi, però, l'essenza del pensiero pitagorico sta nel credere che il Numero sia l'*archè*, ovvero l'elemento primordiale dell'Universo. In altre parole, quello che per Talete era l'acqua e per Anassimene l'aria, in Pitagora diventa il Numero e sinceramente l'ipotesi mi lascia alquanto perplesso: se è possibile, infatti, immaginare un tavolo come un qualcosa costituito da tante molecole di acqua o di aria, più o meno compres-

[43] Filolao, fr. 14 Diels-Kranz.

[44] Diogene Laerzio, *Vite dei filosofi* VIII 36 (cfr. trad. it. cit., p. 396).

se, non è altrettanto facile concepirlo come un insieme di numeri schiacciati uno sopra l'altro. Il fatto è che per Pitagora i numeri avevano uno spessore: in un frammento di Speusippo *Sui numeri pitagorici*[45] è chiaramente specificato che il numero Uno è un punto (una specie di atomo), il Due una retta, il Tre un piano e il Quattro un solido. Poi, a dimostrazione di quanto sopra, viene precisato che due Unità Punto individuano una retta, tre Unità Punto un piano e quattro Unità Punto un solido. Ciò detto, dal momento che tutte le cose di questo mondo, noi compresi, hanno una forma, è sempre possibile scomporre questa forma in un insieme di punti o di linee e quindi, in definitiva, di numeri. Aristotele racconta[46] che Eurito, un pitagorico della seconda generazione discepolo di Filolao, si era messo in testa di trovare il numero caratteristico di ogni essere vivente e a tale scopo aveva cominciato a contare il numero di pietruzze necessario a comporre l'immagine dell'uomo e del cavallo.

A parte le qualità fisiche dei numeri, Pitagora era rimasto colpito dal fatto che tutti i fenomeni naturali sembravano essere regolati da una logica superiore. In particolare, l'aver scoperto l'esistenza di un rapporto costante fra la lunghezza delle corde di una lira e gli accordi fondamentali della musica (1/2 per l'ottava, 3/2 per la quinta e 4/3 per la quarta) lo suggestionò a tal punto da fargli credere che Dio fosse un ingegnere eccezionale e che una Legge Matematica, chiamata Armonia, avesse il compito di dirigere la natura.

Dicevano i pitagorici: «Che cosa è più saggio? Il Numero. E che cosa è più bello? L'Armonia». All'inizio dei tempi, evidentemente, c'era stato il Caos (il Disordine), poi la Monade (il numero Uno) aveva creato i numeri, e da

[45] Speusippo, fr. 4 Lang.
[46] Aristotele, *Metafisica* XIV 5, 1092b 8.

questi i punti e le linee, infine era giunta l'Armonia a consolidare le giuste distanze fra le cose. Tutto questo per Pitagora era il Cosmos, ovvero l'Ordine.[47]

La salute, la virtù, l'amicizia, l'arte, la musica altro non erano che manifestazioni dell'Armonia. La salute, secondo Alcmeone,[48] era il giusto equilibrio nei corpi viventi fra il caldo e il freddo, la virtù il controllo delle passioni e via dicendo. Perfino la giustizia sociale, diceva Archita, era solo un problema di Armonia. A questo punto però, per non fare confusione, è bene chiarire che la giustizia sociale per i progressisti del V secolo era cosa alquanto diversa da quella perseguita oggi dai nostri sindacati: per Archita una buona giustizia sociale la si otteneva solo quando ciascun lavoratore veniva ricompensato secondo i propri meriti. In pratica lui credeva nel cottimo: molti soldi ai più bravi e nemmeno una lira a quelli che non avevano voglia di lavorare.

Dal momento che ho tirato in ballo Archita, credo che sia il caso di aprire una parentesi e di raccontare qualcosa di più intorno a questo strano personaggio. Archita nacque a Taranto e fu nello stesso tempo un filosofo, un matematico e un grande uomo di stato.[49] Essendo vissuto a cavallo tra il V e il IV secolo non credo che abbia avuto il tempo di conoscere Pitagora, purtuttavia, secondo le migliori tradizioni pitagoriche, intraprese la carriera politica e, in breve tempo, divenne il leader della sua città. Sappiamo che salvò la vita a Platone, allorquando il filosofo fu condannato a morte da Dionisio, il tiranno di Siracusa,[50] che inventò le nacchere, con il preciso scopo di distrarre i bambini e d'impedire che rompessero cose di maggior valore,[51] e che,

[47] Diogene Laerzio, *Vite dei filosofi* VIII 25 (cfr. trad. it. cit., p. 392).
[48] Alcmeone, fr. 4 Diels-Kranz.
[49] *I Presocratici*, cit., vol. I, pp. 479-91.
[50] Diogene Laerzio, *Vite dei filosofi* VIII 79 (cfr. trad. it. cit., p. 415).
[51] Aristotele, *Politica* VIII 6 1340b 27-30.

essendo appassionato di aeromodellismo, riuscì a costruire una colomba di legno in grado di volare.[52]

Ma ritorniamo a Pitagora e alla sua passione per la matematica. Dunque, pare che anche fra i numeri esistesse un'aristocrazia: c'erano quelli nobili e quelli plebei. A parte il 10, la *tetraktýs*, che per i pitagorici rappresentava un'entità divina, l'1 il 2 il 3 e il 4 erano i più illustri fra tutti i numeri: la loro somma era uguale a 10 e tutti insieme formavano il divino triangolo:

*
* *
* * *
* * * *

«Tutte le cose che ci è dato conoscere posseggono un numero»[53] e ogni numero ha un suo significato particolare. Spulciando con attenzione i testi di Speusippo, di Archita e di Filolao, è possibile ricavare una specie di Smorfia Pitagorica dove l'1 rappresenta l'intelligenza, il 2 l'opinione (sempre duplice), il 4 la giustizia, il 5 il matrimonio, il 7 il tempo critico (forse perché sono sette i giorni della settimana) e via dicendo. I numeri infine, secondo i pitagorici, posseggono qualità terapeutiche: i quadrati magici, ad esempio, usati peraltro anche nel medioevo e nel rinascimento, venivano incisi su lastrine d'argento e preservavano dalla peste, dal colera e dalle malattie veneree. Ora io, anche se mi rendo conto che non è tanto facile, in un aeroporto, esibire un quadrato magico come documento sostitutivo della vaccinazione obbligatoria, ne propongo uno dei più semplici:

52 Aulo Gellio, *Notti attiche* X 12, 9.
53 Filolao, fr. 4 Diels-Kranz.

13	3	2	16
8	10	11	5
12	6	7	9
1	15	14	4

In questo schema, sommando le cifre di ogni rigo, o di ogni colonna, o di ogni diagonale, si ottiene sempre come totale il numero 34.[54] Allo stesso risultato si arriva se si sommano i quattro vertici, i quattro numeri centrali e perfino le cifre di ognuno dei quadrati minori.

13	3	2	16
8	10	11	5
12	6	7	9
1	15	14	4

Tutte queste correlazioni nascoste, sia tra i numeri che nei fenomeni naturali, dovevano procurare a Pitagora delle vere e proprie estasi di godimento. Possiamo immaginare quindi quale delusione dovette provare il nostro filosofo il giorno in cui, nel fare il rapporto tra la diagonale e il lato di un quadrato, scoprì che il risultato era diverso da qualsiasi numero intero o decimale. Ma come?! Se fino a quel momento tutto era apparso ubbidire alle leggi dell'Armonia, come poteva essere che di punto in bianco saltassero fuori dei numeri incomprensibili! E poi, proprio in merito

[54] Questo quadrato magico compare in un famoso quadro di Albrecht Dürer, *La Malinconia*: le cifre centrali, 15 e 14, dell'ultimo rigo indicano la data dell'opera: 1514.

alla diagonale, era stato lui stesso a scoprire che il quadrato costruito sull'ipotenusa era equivalente alla somma dei quadrati costruiti sui cateti,[55] e adesso, la stessa maledetta ipotenusa si dimostrava recalcitrante a farsi dividere da uno dei suoi lati! La presenza dei numeri irrazionali fu un colpo basso per i poveri pitagorici: tutte le loro teorie andavano a carte quarantotto. A peggiorare le cose ci si mise pure uno dei discepoli, il traditore Ippaso, che, con il chiaro intendimento di danneggiare la scuola, andò a spifferare la notizia pure a quelli che non la volevano sapere.

Per chiudere il discorso su Pitagora, diciamo due parole sulla visione cosmologica. Per la prima volta nella storia della filosofia, abbandoniamo la poltrona al centro dell'Universo in favore di un Fuoco Centrale non meglio identificato. I pitagorici lo chiamavano: la Madre degli Dei. Boh? Intorno al suddetto Fuoco ruotavano dieci astri: la Terra, la Luna, il Sole, i cinque pianeti allora conosciuti, il cielo delle stelle fisse e, tanto per raggiungere quel benedetto numero 10 su cui i pitagorici si erano un po' fissati, un corpo celeste chiamato Antiterra.[56] Era questo un pianeta, in tutto simile al nostro, avente la stessa orbita, situato in posizione diametralmente opposta rispetto al Fuoco Centrale e pertanto invisibile.

I dieci astri, diceva Pitagora, percorrono orbite circolari ed emettono nel loro movimento una musica dolcissima, la cosiddetta Armonia delle Sfere.[57] Purtroppo per noi, nessuno è in grado di percepire questo meraviglioso suono, essendo esso continuo e non riuscendo il nostro orec-

[55] Apollodoro racconta che, allorquando Pitagora scoprì il suo famoso teorema, sacrificò agli dèi cento buoi, la qual cosa per uno che rifiutava di mangiar carne per non ammazzare gli animali, è alquanto strana: cfr. Diogene Laerzio, *Vite dei filosofi* VIII 12 (cfr. trad. it. cit., p. 387).

[56] Aristotele, *Il cielo* II 13, 293a 18.

[57] Simplicio, *Commento alla Fisica di Aristotele* 732, 26.

chio a captare alcun rumore se non per contrasto nei confronti del silenzio.[58]

Al di là delle dieci orbite celesti c'è poi lo spazio infinito. Un giorno Archita, volendo dare una dimostrazione dell'esistenza dell'infinito, pronunziò questa frase: «Se mi siedo sull'estremo limite dell'Universo, posso o non posso stendere una mano? Se posso, allora vuol dire che oltre questo limite c'è ancora un po' di spazio».[59]

[58] Aristotele, *Il cielo* II 9, 290b 12.
[59] Simplicio, *Commento alla Fisica di Aristotele* 467, 26.

VIII
Eraclito l'oscuro

Eraclito[1] nacque a Efeso, sulla costa ionica, pochi chilometri più a nord della spiaggia di Kusadasi, oggi sede di un bellissimo villaggio Mediterranée. La vita frenetica del Club, i G.O. sempre in movimento, i windsurf sfreccianti sul mare, i falò accesi sulla spiaggia, ben s'accordano con la filosofia del divenire. Un po' meno eraclitea, forse, la socievolezza richiesta ai clienti; Eraclito era un aristocratico della più bell'acqua e, come tale, non aveva alcuna voglia di parlare col prossimo.

La data di nascita del filosofo è quanto mai incerta: c'è chi la colloca nel 540 a.C. e chi addirittura la fa slittare al secolo successivo. Questa mancanza di precisione è dovuta al fatto che gli storici antichi non davano molta importanza alla data di nascita degli uomini illustri e preferivano riferirsi all'anno di massima maturità, la cosiddetta *acmé*. In questi casi usavano un verbo quanto mai suggestivo: fiorire. Di Eraclito si dice infatti che «fiorì» durante la 69ª Olimpiade e quindi, su per giù, intorno al 500 a.C.[2]

Il padre, Blosone o Blisone, era un discendente diretto del fondatore della colonia, Androclo, che a sua volta era figlio di Codro, il tiranno di Atene.[3] Grazie a questa illustre

[1] Per le testimonianze e i frammenti riguardanti Eraclito, cfr. *I Presocratici*, cit., vol. I, pp. 179-221; G. Colli, *La sapienza greca*: vol. III: *Eraclito*, Milano 1980.
[2] Diogene Laerzio, *Vite dei filosofi* IX 1 (cfr. trad. it. cit., p. 422).
[3] Strabone, *Geografia* XIV 632-33.

provenienza, la sua famiglia si fregiava da sempre del titolo di *basiléus*, ovvero della massima carica sacerdotale della *pólis*. Anche Eraclito quindi, come primogenito, era destinato a diventare un notabile del paese; sennonché, quando giunse il suo turno, pensò bene di rinunziare al privilegio in favore del fratello.[4] Racconto in dettaglio queste cose perché sono convinto che la descrizione del carattere chiuso e scorbutico di Eraclito sia anche la chiave per capire il suo pensiero. Insomma Eraclito era un aristocratico e un intellettuale, il che è come dire uno snob al quadrato: disprezzava il prossimo e, in particolare, gl'ignoranti e i superstiziosi. Ecco una serie di giudizi che gli vengono attribuiti:

– «Molti sono scadenti, pochi quelli che valgono.»[5]
– «I più pensano solo a saziarsi, proprio come bestie d'armento.»[6]
– «Gli uomini si dimostrano privi d'intendimento, sia prima di porgervi orecchio, sia dopo avervi ascoltato, e non si accorgono di quello che fanno, mentre sono svegli, proprio come dimenticano ciò che hanno fatto mentre stavano dormendo.»[7]

Si vantava di non aver mai avuto maestri. Quando sentiva il bisogno di consultarsi con qualcuno, era solito dire: «Aspettate un momento che vado a interrogare me stesso».[8] L'unico saggio che stimava tra i suoi predecessori era il vecchio Biante (quello della maggioranza cattiva di cui abbiamo parlato nel primo capitolo). Per quanto riguardava gli altri, non aveva che parole di disprezzo. «L'erudizione non insegna a essere intelligenti, altrimenti

[4] Diogene Laerzio, *Vite dei filosofi* IX 6 (cfr. trad. it. cit., p. 422).
[5] Fr. 14 A 72 Colli.
[6] Fr. 14 A 77 Colli.
[7] Fr. 14 A 9 Colli.
[8] Diogene Laerzio, *Vite dei filosofi* IX 5 (cfr. trad. it. cit., p. 424).

sarebbero intelligenti anche Esiodo, Pitagora, Senofane ed Ecateo.»[9]

Quando fece il gran rifiuto in favore del fratello, se ne andò a giocare a dadi con alcuni ragazzini nel tempio di Artemide. Alle rimostranze dei paesani rispose: «Perché vi stupite, o canaglie! Non è forse meglio giocare con dei fanciulli che partecipare con voi al governo di questa città?».[10] Pur nella superba consapevolezza del suo valore, non aveva alcuna ambizione di potere. Un giorno Dario, re dei persiani, desiderando circondarsi d'intellettuali, gli scrisse una lunga lettera e lo invitò a corte dove, a quanto pare, lo avrebbe ricoperto d'oro dalla testa ai piedi. Ebbene, ancora una volta il filosofo rifiutò il «posto sicuro» e rispose che la sua mente «rifuggiva dalla insolente e insaziabile ambizione, generatrice d'invidia».[11] Questo era il personaggio. Di tutt'altra pasta invece i suoi compaesani: a Efeso l'etica corrente era quella di godersi la vita senza tanto pensare al futuro. Gli storici raccontano che una volta la città subì un lungo assedio da parte dei persiani: ebbene, anche in quella occasione, gli efesini continuarono a vivere come se le provviste accumulate fossero state inesauribili. Quando, a causa del protrarsi dell'assedio, i viveri cominciarono a scarseggiare «un uomo di nome Eraclito intervenne all'assemblea del popolo e qui, senza proferire parola, prese dell'orzo tritato, lo mescolò con l'acqua e se lo mangiò restando seduto in mezzo a loro».[12] I cittadini capirono il muto rimprovero e da quel momento iniziarono un periodo di austerità che scoraggiò definitivamente i persiani. Vuoi vedere che anche in Italia non si possa risolvere il problema della crisi economica con un semplice

9 Fr. 14 A 67 Colli.
10 Diogene Laerzio, *Vite dei filosofi* IX 3 (cfr. trad. it. cit., p. 423).
11 Diogene Laerzio, *Vite dei filosofi* IX 14 (cfr. trad. it. cit., p. 428).
12 Plutarco, *La loquacità* 17; 511 B.

gesto? Un uomo di provata saggezza (non un radicale per carità) potrebbe mangiare... che so io... un paio di polpette davanti alle telecamere, e chissà che gl'italiani, colpiti da tanta frugalità, non la smettano una buona volta di consumare soltanto i quarti posteriori!

Essendo Eraclito uno «spregiatore del volgo»,[13] in politica si schierò sempre dalla parte del tiranno. Era solito dire: «Anche ubbidire alla volontà di un solo uomo significa legge».[14] A sua scusante dobbiamo precisare che in quel periodo, a Efeso, governava un certo Ermodoro, uomo di eccezionale virtù e vecchio amico di famiglia del nostro filosofo. Immaginiamoci quindi come dovette incavolarsi il giorno in cui i paesani decisero di cacciar via Ermodoro con la seguente motivazione: «Non desiderando che nessuno di noi sia degnissimo, e costatando che invece ce ne è uno, invitiamo costui ad andare a vivere altrove».[15] Eraclito inveì contro gli efesini e li invitò a impiccarsi, uomo per uomo, e ad affidare il governo ai fanciulli, dopo di che abbandonò il paese e si mise a fare l'eremita.

L'ultimo periodo di vita fu il più duro: ridotto allo stato selvaggio, si nutrì solo di erbe e di piante selvatiche. Scrisse un libro intitolato *La natura* e andò a depositarlo, perché non finisse in mani profane, nel tempio di Artemide.[16] Di quello che c'era scritto dentro, per parere unanime, non si capiva un accidente, a tal punto che il suo autore passò alla storia come «Eraclito l'oscuro» (*ho skoteinós*).[17]

Socrate, che fu uno dei primi a darci un'occhiata, se la cavò dicendo: «Ciò che si comprende è eccezionale, per cui desumo che anche il resto lo sia, ma per giungere al fondo di questa parte bisognerebbe essere un tuffatore di

[13] Diogene Laerzio, *Vite dei filosofi* IX 6 (cfr. trad. it. cit., p. 424).
[14] Fr. 14 A 85 Colli.
[15] Diogene Laerzio, *Vite dei filosofi* IX 2 (cfr. trad. it. cit., p. 423).
[16] Diogene Laerzio, *Vite dei filosofi* IX 6 (cfr. trad. it. cit., p. 424).
[17] *Skoteinós* più che «oscuro» significa «tenebroso».

Delo».[18] In altre parole, solo un sub, abituato alle tenebre degli abissi, avrebbe potuto capirci qualcosa. Aristotele, da parte sua, si lamentava per la cattiva punteggiatura e per lo spezzettamento delle frasi.[19]

La verità è che il vecchio e, diciamolo pure, arteriosclerotico filosofo era il primo a non desiderare di essere capito: il suo era uno stile da oracolo e, come lui stesso amava sentenziare, «l'oracolo non dice, né nasconde, ma accenna».[20] D'altra parte di comunicare con le masse non gliene fregava niente, tanto, diceva, «gli uomini sono privi d'intendimento e, pur avendo prestato orecchio, assomigliano ai sordi. Per loro testimonia il detto: i presenti sono assenti».[21]

Giunto all'età di sessant'anni, si ammalò d'idropisia: si gonfiò sempre di più di acqua e fu costretto a ritornare in paese per farsi curare. Diciamo subito che il vecchio Eraclito non aveva mai avuto troppa simpatia per i medici. Tra i suoi frammenti ne troviamo uno in cui si meraviglia che «costoro non solo tagliano e bruciano, ma pretendono pure di essere pagati».[22] Inoltre tanti anni di solitudine lo avevano disabituato al colloquio col prossimo. Fu così che, anche in presenza dei medici, si mise a parlare per enigmi: chiese se ci fosse qualcuno in grado di mutare un'inondazione in una siccità. Quelli non capirono niente e lui li mandò al diavolo.

Questa dell'idropisia potrebbe essere considerata un'altra vendetta del destino nei confronti di un filosofo greco. Come già accaduto a Pitagora, ucciso in un campo di fave, così Eraclito fu perseguitato dall'acqua. Ora si deve sapere

[18] Diogene Laerzio, *Vite dei filosofi* II 22 (cfr. trad. it. cit., pp. 67-8).
[19] Fr. 14 A 130 Colli.
[20] Fr. 14 A 1 Colli.
[21] Fr. 14 A 86 Colli.
[22] Fr. 14 A 61 Colli.

che il filosofo, nel suo *La natura*, aveva condannato l'acqua come la parte peggiore dell'essere umano. L'anima, diceva, è composta di percentuali di fuoco e di acqua che variano da individuo a individuo: il fuoco l'eleva verso mete sempre più nobili e l'acqua la trascina nelle passioni più turpi. «L'ubriaco barcolla e può essere condotto per mano anche da un fanciullo imberbe, proprio perché si trova con l'anima troppo inumidita.»[23]

Rimasto solo e malato, Eraclito provò a curarsi a modo suo: «Si seppellì in una stalla sotto il calore dello sterco animale, nella speranza che l'umore evaporasse».[24] Secondo Neante di Cizico, invece, si fece spalmare di letame da alcuni schiavi e si espose al calore del sole; sennonché, reso irriconoscibile dagli escrementi, fu divorato da un branco di cani.[25]

Era un pessimista. In uno dei frammenti più drammatici scrive: «Gli uomini vogliono vivere, ma ancora di più desiderano morire, e procreano figli perché nascano altri destini di morte».[26] Con queste parole, la freudiana pulsione di morte fa capolino, per la prima volta, nella storia del pensiero occidentale.

Il malinconico Eraclito, come amava definirlo Teofrasto,[27] appartiene senza dubbio alla categoria dei filosofi razionalisti: il suo disprezzo per le masse era secondo solo a quello che provava per Zeus e per tutta la comitiva dell'Olimpo. «Il mondo» diceva «non è stato fatto da nessuno degli Dei.»[28] Criticava apertamente quelli che pregavano

23 Fr. 14 A 51 Colli.
24 Diogene Laerzio, *Vite dei filosofi* IX 3 (cfr. trad. it. cit., p. 423).
25 Diogene Laerzio, *Vite dei filosofi* IX 4 (cfr. trad. it. cit., p. 424).
26 Fr. 14 A 62 Colli.
27 Diogene Laerzio, *Vite dei filosofi* IX 6 (cfr. trad. it. cit., p. 424).
28 Fr. 14 A 30 Colli.

(rivolgere preghiere alle statue degli Dei è come cercare di discutere con le case invece che con gli abitanti di esse)[29] e quelli che, per purificarsi dei peccati commessi, sacrificavano gli animali nei templi («essi si purificano del sangue versato, macchiandosi di altro sangue, come se, sporchi di fango, volessero lavarsi ancora col fango»).[30] Buon per lui che tutte queste cose le andava predicando a Efeso e non ad Atene, dove un processo per empietà non gliel'avrebbe tolto nessuno. Ecco qui di seguito un paio di pensierini eraclitei sulla creazione: «Il più bello dei mondi è un mucchio di rifiuti gettati giù dal caso»,[31] «la vita è un fanciullo che gioca e sposta i pezzi sulla scacchiera».[32] Una sessantina d'anni più tardi Socrate sarà condannato a bere la cicuta per aver detto molto meno.

Su quale fosse il vero pensiero di Eraclito non tutti sono d'accordo: per alcuni egli è il filosofo del «fuoco», inteso questo come l'elemento principe da cui tutto ha avuto origine e dove tutto andrà a finire, per altri invece è il filosofo del «divenire», ovvero della lotta tra gli opposti. La differenza sostanziale tra le due interpretazioni sta nel fatto che, mentre la prima prevede un vincitore finale, appunto il fuoco, la seconda opta per un match pari, ritenendo che nessuna delle parti in causa abbia convenienza a prevalere sull'altra. Tanto per prendere posizione, dichiaro subito la mia appartenenza alla tesi del «divenire».

La realtà, secondo Eraclito, è un incessante fluire e trasformarsi delle cose. Non esiste oggetto, animato o inanimato, che non subisca continuamente delle modifiche. Anche quelle cose materiali, che a prima vista ci sembrano

[29] Fr. 14 A 21 Colli.
[30] Fr. 14 A 21 Colli.
[31] Fr. 14 A 107 Colli.
[32] Fr. 14 A 18 Colli.

immobili, a una più attenta analisi denunciano una qualche alterazione: una campana di ferro si arrugginisce e uno scoglio si corrode, così un albero cresce e un corpo invecchia. *Panta rei*, tutto scorre, «non è possibile bagnarsi due volte nello stesso fiume».[33] Simbolo di questo continuo trasformarsi è il fuoco che Eraclito eleva a elemento primordiale. «Tutte le cose sono un baratto in cambio del fuoco, così come le merci si cambiano con l'oro e come l'oro si cambia con le merci.»[34]

Ora, anche se Efeso si trova a non più di 40 chilometri da Mileto, e se la preferenza per il fuoco ci ricorda un po' troppo le teorie cosmologiche di Talete, Anassimandro e Anassimene, non bisogna incorrere nell'errore di catalogare Eraclito tra i filosofi della scuola milesia. Il nostro scorbutico pensatore, infatti, a parte il carattere, sul piano teoretico compie un enorme salto di qualità rispetto ai suoi predecessori.

L'originalità dell'intuizione eraclitea sta nell'aver immaginato il mondo come un gigantesco campo di battaglia dove si affrontano forze più o meno equivalenti. La lotta non rappresenta l'eccezione ma la norma di vita, anzi è la vita stessa e gli uomini debbono accettarla come una forma di giustizia naturale. «La più bella delle trame viene formata dagli opposti, e tutte le cose sorgono secondo contesa.»[35] «La guerra è il padre [*sic*] di tutte le cose.»[36] [In greco il sostantivo «guerra» è maschile.]

Il filosofo ce l'aveva a morte con Omero perché il poeta, in un verso dell'*Iliade*, aveva esclamato «che possa morire la Discordia tra gli uomini e gli Dei!».[37] Che cosa sarebbe il

33 Fr. 14 A 125 Colli.
34 Fr. 14 A 29 Colli.
35 Fr. 14 A 5 Colli.
36 Fr. 14 A 19 Colli.
37 Fr. 14 A 127 Colli.

mondo, si chiede Eraclito, se non ci fosse la lotta? Un orrendo e solitario luogo di morte. «Non è forse la malattia che rende buona la salute? Non è forse la fame che gratifica la sazietà e il travaglio che rende così dolce il riposo?»[38] Il più strano, ma forse anche il più significativo, dei frammenti di Eraclito, dice: «Dell'arco invero il nome è vita e l'opera è morte».[39] Spiegazione: in greco le parole «arco» e «vita» si pronunziano entrambi *bíos* e la coincidenza non è del tutto casuale, giacché l'arco, quando è teso, malgrado l'apparente staticità, simboleggia la vita, cioè la contesa tra il legno che s'inarca e la corda che lo sottende, mentre invece la funzione a cui l'arco è destinato genera morte. Guai se uno degli elementi in lotta prende il sopravvento sul nemico: la vittoria coinciderebbe col suicidio del vincitore. Se fosse vivo oggi, Eraclito consiglierebbe alla Democrazia Cristiana di non indebolire mai il peso politico del suo avversario naturale, il PCI, in quanto che la fine di questo partito segnerebbe anche la contemporanea scomparsa dello scudo crociato.

Per Eraclito il conflitto cosmico, apparentemente così caotico, nasconde una razionalità che egli ama definire con una sola parola: *Logos*, e qui andiamo a finire nelle *chiavette*[40] giacché questo termine è suscettibile delle più varie interpretazioni. Per alcuni, *Logos* significherebbe semplicemente Linguaggio, per altri invece Verità, Ragione, Verbo, Realtà e perfino Dio. La mia convinzione è che Eraclito concepiva il *Logos* come una semplice legge naturale che regolava la lotta fra gli elementi, senza però attribuire alla

38 Fr. 14 A 111 Colli.
39 Fr. 14 A 8 Colli.
40 «Andiamo a finire nelle chiavette» è un'espressione usata dagli orchestrali napoletani e sta per «andiamo a finire nel difficile». Nel clarinetto ci sono i buchi e le chiavette (così come nel pianoforte i tasti bianchi e i tasti neri). Suonare in una tonalità che presuppone un largo uso delle chiavette, e non dei buchi, è molto più complicato. Di qui il modo di dire.

parola alcun significato metafisico. Per gli stoici, invece, e in particolare per tutti coloro che hanno voluto dare alla filosofia di Eraclito una coloritura religiosa, il *Logos* rappresentava la volontà del Creatore. Purtroppo la filosofia stoica, e successivamente quella cristiana, non ha potuto fare a meno d'immaginarsi un «lieto fine» quale compenso alle innumerevoli sofferenze che ci sono riservate nella vita terrena, e ciò le ha condizionate non poco. Quello che mi fa propendere per la tesi naturalistica è la costatazione che tutti i filosofi presocratici sono sempre stati incapaci di concepire un qualcosa di non materiale. Anassimandro, ad esempio, con il suo *ápeiron*, non parlava di entità immateriale, come l'anima tanto per intenderci, bensì di materia infinita più sottile dell'aria, e perfino Pitagora concepiva i numeri come dei piccoli oggetti aventi uno spessore.

L'oscurità di Eraclito ha avuto in questa varietà d'interpretazioni la sua brava parte di responsabilità: stante l'indecifrabilità dei frammenti, chiunque ha voluto è riuscito quasi sempre a trovare in Eraclito un avallo alle proprie teorie. Ognuno, come dire, ha «tirato il fuoco al suo mulino». Consiglio gli studenti di filosofia a citare sempre Eraclito, qualunque sia il filosofo di cui stanno descrivendo il pensiero. Hobbes, Spencer, Hegel, Bergson, Heidegger, Nietzsche: per chiunque l'Oscuro può andar bene, dal momento che ha sempre detto tutto e il contrario di tutto: si fa bella figura e si rischia pochissimo.

Anche Eraclito ebbe i suoi *fans* e, come spesso succede, questi si dimostrarono ancora più intransigenti del maestro; se infatti Eraclito aveva detto che non era possibile bagnarsi due volte nello stesso fiume, il suo discepolo preferito, Cratilo, asserì che la cosa non era possibile effettuarla nemmeno una sola volta, e, per quanto riguardava l'inutilità del comunicare col prossimo, era sua abitudine osservare il più assoluto silenzio. Quando veniva interrogato, si limitava a muovere il solo dito mignolo.[41]

ESERCIZIO: riflettere sul seguente frammento.
«Per ampiezza il sole è grande come il piede di un uomo.»[42]

[41] Fr. 14 A 134 Colli.
[42] Fr. 14 A 54 Colli.

IX
Tonino Capone

Tra i tanti luoghi comuni che banalizzano la nostra conversazione, ce ne è uno esecrabile secondo il quale converrebbe «prendere la vita con filosofia». Mi rendo conto che restare bloccati per un'ora in un ascensore è un'esperienza che richiede attitudini filosofiche, se non altro per occupare l'attesa, tuttavia non me la sento di ridurre la filosofia a una semplice pratica di rassegnazione. Avere una filosofia significa, fra l'altro, possedere una scala di valori in base alla quale operare le scelte di vita.

Prendiamo il caso di Tonino Capone: siamo a Napoli, è una mattina di luglio, è mezzogiorno, la temperatura ha toccato il suo massimo stagionale, la mia *Fiat* è parcheggiata al sole. Entro nell'auto infuocata, metto in moto e mi accorgo di avere la batteria a terra: sacramento ad alta voce e mi dirigo a piedi dal più vicino elettrauto. La serranda è abbassata e su essa è affisso un cartello con la scritta: «AVENDO GUADAGNATO QUANTO BASTA TONINO È ANDATO AL MARE».

Questa di Tonino è una scelta di vita che presuppone una filosofia, analizziamola nei particolari.

Ho conosciuto Antonio Capone nel '48 in un collegio di salesiani: lui era un interno, io ci andavo solo a giocare a pallone. A quei tempi Tonino era sicuramente un ragazzo

d'azione e non di pensiero: niente faceva supporre che un giorno sarebbe diventato un filosofo.

Abbandonata la carriera ecclesiastica ancor prima di averla cominciata, i suoi unici interessi diventarono il calcio e i motori. Auto, motociclette, motoscafi, motorini, qualsiasi cosa avesse a che fare con un motore a scoppio lo affascinava. Lasciò l'Università e si mise a fare il preparatore di macchine da corsa: era sempre unto di grasso e puzzava di olio di ricino. Si sposò giovanissimo e trovò lavoro come collaudatore alla Fiat di Napoli, ma sia il matrimonio che l'impiego durarono pochissimo: a ventiquattro anni era di nuovo scapolo e disoccupato. Nel '55 partecipò al Gran Premio Posillipo con un prototipo di sua invenzione. La corsa fu vinta da Ascari e lui uscì fuori pista alla prima curva, quella di Trentaremi: non fosse stato per una decina di balle di paglia e un albero di magnolie, sarebbe finito in mare dopo un volo di duecento metri. A parte lui che si ruppe le gambe, non ci fu nessun ferito tra gli spettatori. Per tutto il periodo dell'ingessatura, l'immobilità forzata e gli studi di latino e greco fatti con i salesiani favorirono una ripresa della lettura dei classici e un interesse per la filosofia. Oggi Tonino è l'unico intellettuale italiano in grado di regolare le puntine platinate di uno spinterogeno.

«La vita quotidiana» dice Tonino «è come il Monopoli: all'inizio ogni giocatore riceve dal banco 24 gettoni di libertà, un gettone per ogni ora del giorno. Il gioco consiste nel saperli spendere nel modo migliore.»

Ci troviamo in una pizzeria del Vomero: è l'una di notte, non c'è più nessun cliente, il locale sta per chiudere. *'O maresciallo*, il proprietario, fa i conti dietro la cassa. Due camerieri girano fra i tavoli e ammucchiano per terra tova-

glie sporche da consegnare alla lavanderia. A un tavolo d'angolo, davanti a tre tazzine di caffè, siamo rimasti seduti io, Tonino e Carmine, il cameriere anziano della pizzeria.

«Noi per vivere» dice Tonino «abbiamo bisogno di due cose: di un po' di soldi, per essere indipendenti dal punto di vista economico, e di un po' di affetto, per superare indenni i momenti di solitudine. Queste due cose però non le regala nessuno: te le devi comprare e te le fanno pagare a caro prezzo con ore e ore di libertà. I meridionali, per esempio, sono portati a desiderare il posto sicuro, lo stipendio fisso tutti i ventisette. Non dico che si tratti di un mestiere stressante, tutt'altro, però in termini di libertà l'impiego è un impegno tra i più costosi che esistono: otto ore al giorno significano otto gettoni da pagare, senza considerare gli straordinari e un eventuale secondo lavoro. E veniamo all'amore: anche in questo caso l'uomo si orienta per una sistemazione di tutto riposo, si trova una moglie e spera di ottenere da lei quello stipendio affettivo di cui sente il bisogno. Pure questa soluzione ha il suo costo: nella migliore delle ipotesi sono altre sei ore di libertà che vanno a farsi benedire. La moglie aspetta il marito che ha appena finito l'orario di ufficio e lo sequestra. A questo punto facciamoci i conti: otto ore per il lavoro, sei per la moglie, ne restano ancora dieci e bisogna dormire, lavarsi, mangiare e andare su e giù con la macchina tra la casa e il posto di lavoro.»

«Donn'Antò,» dice Carmine che, non essendo un intimo, dà del voi a Tonino e lo chiama donn'Antonio «l'unica cosa che non ho capito è questo fatto dei gettoni. Voi dite che uno, per procurarsi i soldi, deve cacciare altri soldi...»

«Sì,» lo interrompe Tonino «ma si tratta di soldi immaginari, banconote corrispondenti alle ore di tempo libero.

Se tu sacrifichi tutte le ore della giornata per il lavoro e per tua moglie, non avrai più nemmeno un minuto per restare solo con te stesso.»

«Ho capito, donn'Antò,» annuisce Carmine senza troppa convinzione «però vedete: io quando lavoro non mi annoio mai, quando sto con mia moglie diciamo che mi annoio così così, è quando resto solo con me stesso che mi annoio moltissimo e allora dico io: non è meglio che vado a lavorare?»

«Questo succede perché nessuno ti ha mai insegnato a vivere da solo. Lo sai che cosa diceva un filosofo tedesco che si chiamava Nietzsche? Diceva "o solitudine, o patria mia!".»

«Forse sarà così in Germania,» obietta Carmine «per noi napoletani invece la solitudine è sempre stata una brutta cosa.»

«La solitudine in se stessa non è né brutta né bella» precisa Tonino. «La solitudine è un accrescitivo, è una lente d'ingrandimento: se stai male e sei solo, stai malissimo, se stai bene e sei solo, stai benissimo.»

«Il guaio è che in genere si sta più male che bene» mormora Carmine.

«Comunque non è della solitudine che volevo parlare, ma del tempo libero. E chiariamo subito una cosa: qua ognuno è padrone di passare il proprio tempo libero come meglio crede. C'è a chi piace restare in casa da solo, a leggere o a pensare, c'è chi invece preferisce uscire con gli amici e andare in trattoria, e c'è perfino chi si diverte a girare con la macchina in mezzo al traffico. L'importante però è che ci sia sempre, per ciascuno di noi, quell'angolino per potersi dedicare a qualche cosa che non sia la pura occupazione del guadagnare e dello spendere. Oggi purtroppo il consumismo, con le sue pretese sempre più imperative, con le sue leggi di comportamento, ci costringe a tirare la carretta

molto più di quanto in realtà avremmo bisogno. Basterebbe infatti eliminare le spese superflue per poterci liberare, una volta per tutte, della condanna del super-lavoro.»

«Donn'Antò,» esclama Carmine «voi a me questi discorsi non me li potete fare! Ma di quali spese superflue andate parlando? Voi siete un uomo solo, io tengo moglie e tre figli; voi per cambiare un fanalino vi pigliate ventimila lire, io per guadagnare seicentomila lire debbo lavorare un mese e sperare nelle mance dei clienti!»

«Hai la macchina?» chiede bruscamente Tonino.

«Come sarebbe a dire la macchina? Tengo una 127 tutta scassata» risponde Carmine abbassando la voce, quasi si sentisse in colpa.

«E secondo te l'automobile non è una spesa superflua: tuo padre non ce l'aveva e non per questo ha avuto una vita più infelice della tua. Di' la verità: te la sei comprata perché hai visto gli altri che ce l'avevano, non perché ti serviva veramente?»

«E come si fa a vivere a Napoli senza macchina! I mezzi pubblici è come non ci fossero.»

«Mi sai dire chi è un uomo ricco?»

«Uno che guadagna molti soldi.»

«Quanti soldi?»

«E io che ne so... diciamo tre milioni di lire al mese.»

«La ricchezza, caro Carmine, non è una cifra stabilita in base alla quale si può dire che Tizio è ricco perché guadagna più di tanto, e Caio è povero perché non ci arriva. La ricchezza è una condizione relativa: è ricco chi guadagna di più di quanto spende e, viceversa, è povero chi ha esigenze superiori al reddito.»

«Non ho capito» dice *'o maresciallo* che, avendo finito i conti, si è seduto al nostro tavolo.

«Voglio dire che la ricchezza è solo uno stato d'animo:

uno può sentirsi ricco anche senza avere molti soldi: l'importante è che spenda meno di quello che ha guadagnato e che non abbia desideri.»

«E qui casca l'asino, 'onn'Antò: i desideri!» sbotta Carmine. «Io per esempio desidero ardentemente una televisione a colori, ma quella costa quasi un milione. È una parola! E quando lo riesco a mettere da parte un milione, io? Domenica scorsa ho fatto undici: ma come, dico io, 'a Fiorentina a dieci minuti dalla fine vince tre a zero e va a pareggiare!! Ma allora ditelo chiaro e tondo: "Cascone Carmine, tu la televisione a colori non te la puoi comprare" e io non ci penso più.»

«Certo,» dice Tonino «oggi la televisione a colori è proprio indispensabile.»

«No: se ne può fare benissimo a meno, però il sottoscritto è stato molto sfortunato» risponde Carmine. «Voi dovete sapere che proprio dirimpetto a dove abito io, a Materdei, c'è il circolo culturale Benedetto Croce che tiene un televisore a colori di 23 pollici. Ora, siccome mia moglie era, diciamo così, la responsabile dell'ordine dei locali, io tutte le domeniche pomeriggio mi andavo a vedere Pippo Baudo e le partite di calcio. Poi è successo che il circolo è rimasto improvvisamente senza soldi e, non solo non ha pagato il padrone di casa, ma si è venduto pure i biliardini che teneva in fitto. Basta: la fabbrica di flipper ha sporto denunzia e l'altro giorno è arrivato l'ufficiale giudiziario a mettere i sigilli. Io adesso però mi ero abituato a vedere la televisione a colori e con quella in bianco e nero non mi trovo più: ecco perché me la devo comprare per forza.»

«Se fossi nei tuoi panni, Carmeniè, denunzierei pure io Benedetto Croce» suggerisce *'o maresciallo* sforzandosi di sembrare serio. «Praticamente loro, con te, si sono comportati come gli spacciatori di droga: prima te l'hanno data gratis e adesso ti fanno pagare.»

«Marescià, voi sfottete e quello, Carminiello, ha perfettamente ragione» ribatte Tonino. «E già, perché, nell'episodio che ci ha raccontato prima, il circolo, con la sua permissività, gli ha fatto contrarre un aumento del tenore di vita a danno della sua ricchezza relativa. Vi faccio un esempio: supponiamo che nei prossimi giorni voi licenziate Carmine...»

«E questa è una cosa che può succedere veramente» replica *'o maresciallo* «dal momento che passa più tempo a chiacchierare che a portare le pizze ai clienti.»

«...e supponiamo che il povero Carmine venga da me per cercare un lavoro...» continua Tonino ignorando le interruzioni.

«Donn'Antò, vi avverto,» avvisa Carmine «io di elettricità e di automobili non ne capisco niente.»

«...e mettiamo il caso che, data la vecchia amicizia, io gli facessi questo discorso: caro Carmine, dal momento che ho bisogno di un segretario personale, ti assumo e ti do uno stipendio di un milione e mezzo al mese...»

«*Fosse 'a Madonna!*» sospira Carmine.

«...questo per il primo anno, dal secondo anno in poi, invece, per motivi personali, sono costretto a diminuire lo stipendio a un milione al mese.»

«Come!» protesta Carmine. «Il primo anno un milione e mezzo, e il secondo solo un milione! E che facciamo, 'onn'Antò: invece di andare avanti, torniamo indietro? Mi meraviglio di voi: un bravo dipendente dopo un anno ha diritto a un aumento di merito.»

«E io invece sono pazzo: pago di più all'inizio e di meno l'anno successivo» insiste Tonino. «A questo punto, caro Carmine, ti avrei rovinato: e già, perché durante il primo anno tu ti abitueresti a vivere con uno stipendio di un milione e mezzo, e poi ti sentiresti sottopagato per tutto il resto della vita. Se invece sei furbo, che fai? Durante il primo anno prendi quel mezzo milione in più e lo vai a regalare al poveretto che sta all'angolo della chiesa. Così dopo un anno, a te non succede niente, dal momento che continui a vivere la tua vita di sempre, e chi resta fregato è il poveretto all'angolo della chiesa. Direbbe: "*Ma che fine ha fatto chillu signore tanto gentile che ogni mese me purtave sempe miezo milione?*".»

«Effettivamente» ammette Carmine «*'o poverommo* si sarebbe allargato. Chi lo sa: magari si era fatto pure l'amante!»

«Ed ecco come la parabola del povero beneficato può far capire il segreto del benessere» conclude trionfante Tonino. «La ricchezza è solo uno stato d'animo: basta non avere bisogni per potersi sentire automaticamente straricchi. Vuoi la felicità? Non ci sono problemi: ricordati che coincide con la tua libertà personale. Io, per quanto mi riguarda, ho già ridotto al massimo il mio tenore di vita: questo mi consente di lavorare solo mezza giornata e di dedicare il resto del mio tempo all'amicizia e alla conoscenza del mondo.»

Tonino Capone non ha scritto nessun libro. Gli unici frammenti che gli possono essere attribuiti sono quelli scritti a penna sulla sua agenda di lavoro. Tra un «martedì 18.30 antifurto avvocato Pittalà» e un «ordinare batterie Tudor», di tanto in tanto si legge una frase del genere: «Molti studiano come allungare la vita, quando invece bisognerebbe allargarla!».

X
Elea

Miei cari concittadini, se invece d'intasare con le vostre auto il traffico dell'isola di Ischia, un giorno decideste di spingervi un po' più a sud e di esplorare le coste italiane in quel tratto sconosciuto che va da Punta Licosa a Capo Palinuro, finireste sicuramente col notare un villaggio di pescatori, chiamato Marina di Ascea, dove, a parte l'acqua del mare che è ancora quella di una volta, si stagliano, in un silenzio incantato, le antiche mura della città di Elea.

Agli occhi dei colonizzatori focesi, in quel lontano 540 a.C., il posto dovette sembrare quanto di meglio si potesse chiedere agli Dei: un fiume, l'Alento, sufficientemente largo e profondo da consentire un riparo alle navi; due isolette, Pontia e Isacia,[1] piazzate lì come sentinelle a sorvegliare la foce; e infine un promontorio, circondato per tre lati dal mare, che sembrava fatto apposta per costruirci sopra un'Acropoli. I focesi capirono subito di essere giunti a destinazione.

A questo punto della mia storia, credo che possa essere interessante seguire fin dall'inizio una di queste odissee, se non altro per capire i motivi che spingevano i nostri antenati ad affrontare tanti pericoli. Basta immaginare cosa doveva essere l'attraversamento del Mediterraneo su una barca a remi nel sesto secolo avanti Cristo. Non a caso ho scelto

[1] Plinio, *Storia naturale* III 85.

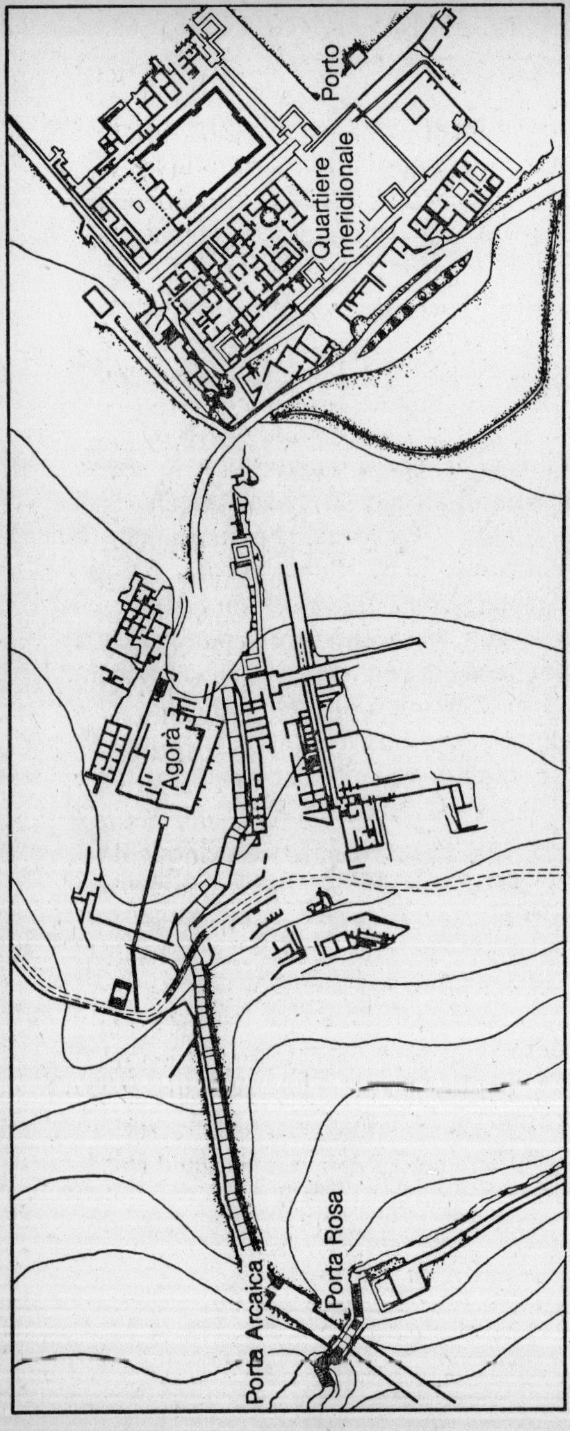

Fig. 4 - **Elea: la città bassa.**

Elea, un insediamento dei focesi, dal momento che questo popolo, più di ogni altro, ha contribuito a disseminare di colonie tutto il mondo allora conosciuto. Ai focesi vengono attribuite: l'esplorazione del Mare Adriatico, la colonizzazione delle coste spagnole e perfino, sulle orme di Coleo, una capatina lungo la costa atlantica al di là delle colonne d'Ercole.[2]

Tutto cominciò un brutto giorno del 545 a.C., anno più anno meno, quando un generale persiano, tale Arpago, avendo deciso di occupare la costa ionica per conto del Grande Ciro, cinse d'assedio la città di Focea (vedi fig. 2).

La storia dell'umanità, prima dell'avvento dell'aviazione, è tutta una storia di assedi. Quando un popolo decideva d'installarsi in un luogo, come prima cosa individuava un posto in collina che gli consentisse di guardare dall'alto in basso il nemico invasore, dopo di che provvedeva a costruire le mura di cinta. Tanta era la paura di finire i propri giorni in schiavitù, che gli abitanti di Ecbatana (oggi Hamadan) protessero la loro città con ben sette file concentriche di mura.[3] La nostra Focea aveva in più un'uscita di sicurezza, il mare, cosa di non poco conto dal momento che i focesi erano ottimi marinai e che le loro navi «a cinquanta remi» difficilmente potevano essere raggiunte una volta preso il largo.

Ma torniamo all'assedio: Erodoto racconta[4] che Arpago, dopo innumerevoli assalti, fece sapere agli assediati che per lui la conquista di Focea era una semplice questione di prestigio e che ci si poteva mettere d'accordo: sarebbe stato sufficiente abbattere un solo baluardo, tanto per dire che anche Focea si era sottomessa al potere di Ciro. I focesi si presero un giorno di tempo per decidere un'eventuale resa

[2] Erodoto, *Storie* IV 152 (cfr. trad. it. cit., vol. I, pp. 425-26).
[3] Erodoto, *Storie* I 98 (cfr. trad. it. cit., vol. I, p. 90).
[4] Erodoto, *Storie* I 167 (cfr. trad. it. cit., vol. I, p. 126).

e chiesero, a loro volta, che durante la riflessione le truppe persiane arretrassero di almeno un chilometro. Arpago acconsentì alla richiesta e gli assediati ne approfittarono per imbarcarsi sulle navi con tutte le loro ricchezze e, perfino, con le statue degli Dei.

Un viaggio combinato in quattro e quattr'otto, e con i persiani alle costole, non poteva per forza di cose essere di lunga durata, perciò i focesi sbarcarono quella notte stessa nella vicina Chio, e qui, soldi alla mano, cercarono di comprarsi le isole Enusse. Purtroppo per loro, gli abitanti di Chio, timorosi di un'eventuale concorrenza mercantile, risposero picche e i nostri profughi si videro costretti a prendere, ancora una volta, la via del mare. Alcuni, sopraffatti dalla nostalgia, tornarono sui loro passi, altri si decisero per il gran balzo e puntarono le prue verso occidente con l'intenzione di raggiungere la lontana isola di Cirno (l'attuale Corsica) dove, a quanto pare, alcuni anni prima un gruppo di paesani aveva già fondato la colonia di Alalia.[5]

L'arrivo dei focesi non dovette far molto piacere ai cartaginesi e agli etruschi, i quali, vistisi minacciati da questo continuo affluire di terroni ionici, decisero di cacciarli via una volta per sempre. Si trattò di uno scontro navale di grandi dimensioni che non vide né vinti né vincitori: una battaglia cadmea,[6] come si usava dire a quei tempi. I focesi persero quaranta navi, molti di essi morirono combattendo, altri si salvarono a nuoto e furono subito dopo lapidati dai corsi che, anche allora, erano gente di poche parole. Racconta Erodoto che tutti quelli che in seguito passarono sul luogo dell'eccidio «diventavano improvvisamente rat-

[5] Oggi Aleria.
[6] Espressione greca equivalente alla nostra «vittoria di Pirro». Cadmo era antenato di Edipo, il padre di Eteocle e Polinice, due gemelli che si sfidarono a duello durante la guerra dei Sette contro Tebe, e che finirono per uccidersi a vicenda.

trappiti, storpi e impotenti, anche se, invece che uomini, fossero stati pecore o animali da soma».[7]

I superstiti di quella infelice spedizione si divisero in due gruppi: alcuni fondarono Massalia (Marsiglia)[8] e altri si diressero a sud, verso Reggio Calabria. In quest'ultima città furono raggiunti da un messaggio della Pizia che consigliò loro di non perdere altro tempo e di risalire la costa calabra fino alle foci del fiume Alento. La colonia in un primo tempo fu chiamata Hyele,[9] dal nome di una fonte che si trovava sul posto, poi Elea e infine Velia dagli antichi romani, con la quale dicitura è ancora possibile rintracciarla sulle carte del Touring.

Oggi il promontorio dell'Acropoli non è più sul mare: una serie progressiva di alluvioni ha spostato la foce di qualche chilometro[10] fino a inglobare le due isolette, Pontia e Isacia, che peraltro sono ancora visibili, essendo gli unici punti calcarei in una vasta zona alluvionale. Chi percorre la strada provinciale, venendo da Casal Velino, troverà sulla sinistra una freccia con l'indicazione «per Velia» e di lì a poche centinaia di metri le mura della città bassa. È facile incontrare tedeschi, francesi e anche giapponesi, tutti ovviamente muniti di macchina fotografica; scarseggiano invece i turisti italiani. Se Elea si fosse trovata nelle Seychelles, forse sarebbe più nota in certi ambienti dell'Italia che conta; voi però, miei napoletani carissimi, che notoriamente non frequentate il jet-set, non potete mancare: venite giù una di queste domeniche insieme alle vostre famiglie e, una volta arrivati alla Porta Marina, toglietevi le scarpe e procedete a piedi nudi verso l'Acropoli. Attraversando la

[7] Erodoto, *Storie* I 167 (cfr. trad. it. cit., vol. I, p. 126).
[8] Strabone, *Geografia* IV 179.
[9] Strabone, *Geografia* VI 252.
[10] M. Napoli, *Civiltà della Magna Grecia*, Roma 1969.

Porta Rosa, calpesterete le stesse pietre che 2500 anni fa furono toccate dai calzari di Senofane di Colofone.

Laggiù a Elea oggi c'è pace e silenzio: sdraiatevi sull'erba e mangiatevi lo sfilatino di salsicce e *friarielli* preparato dalle vostre gentili signore; sedetevi infine a prendere il sole sui gradini del tempio maggiore e osservate con calma il luogo dove ogni mattina Parmenide insegnava a Zenone che «l'essere è» e che «il non essere non è»; chissà che il fascino del paesaggio non riesca a farvi penetrare nella filosofia dell'essere molto di più di quanto non siano capaci i manuali specializzati.

Il tracciato delle mura di difesa ci fa capire che Elea non fu mai una grande metropoli, nemmeno all'epoca del suo massimo splendore; eppure proprio in questo piccolo paese della Campania nacque una scuola di pensiero che in seguito dovrà avere un grosso peso nella storia della filosofia occidentale.

XI
Senofane

Senofane[1] era un rapsodo e un cantautore: il suo repertorio comprendeva i poemi omerici e certe satire, chiamate *silloi*, che lui stesso componeva per prendere in giro i colleghi. Ogni qual volta c'era una festa, un simposio, il primo a essere invitato era lui e quasi sempre, alla fine del banchetto, c'era qualcuno che gli chiedeva una canzone. «*Senò*,» dicevano «cantaci il fatto di quando Agamennone fregò la schiava ad Achille.» Così, a forza di declamare sempre gli stessi episodi, prese in antipatia Omero e da quel momento ne disse peste e corna. Per i greci, invece, Omero era tutto: i ragazzi dovevano conoscerlo da cima a fondo e solo allora potevano dire di aver superato la scuola dell'obbligo. Alcinoo, tanto per dirne una, sostenne che gli Dei avevano decretato la distruzione di Troia solo per dar modo a Omero di farne «un soggetto di canto per i posteri».[2]

Senofane era un moralista, ma possedeva anche il senso dell'humour, come dire un vizio e una virtù. Niente gli andava bene: oltre che con Omero, se la prese con Esiodo, Talete, Pitagora, Epimenide e con chiunque fosse stato più famoso di lui. Una volta ebbe a lamentarsi perfino degli sportivi: «Non è giusto» disse «che un abile pugilatore, un

[1] Per le testimonianze e i frammenti riguardanti Senofane, cfr. *I Presocratici*, cit., vol. I, pp. 147-78.
[2] *Odissea* VIII 578 (cfr. trad. it. di R. Calzecchi Onesti, Torino 1974^2, p. 227).

valente atleta, nel pentatlon, nella lotta o nella velocità delle gambe, abbia più onori e ricchezze di chi invece insegna saggezza, giacché questa, a mio avviso, vale più della forza fisica degli uomini e dei cavalli».[3] E pensare che a quell'epoca i campioni non erano stati ancora sponsorizzati!

In merito al suo umorismo ho qualche dubbio: sarà che sono passati venticinque secoli, ma non mi sembra che fosse la fine del mondo. A uno che gli raccontava di aver visto delle anguille vivere nell'acqua calda, lui una volta rispose: «Vuol dire che le faremo cuocere nell'acqua fredda».[4] Mah! Chissà che tra duemila e cinquecento anni i frammenti del mio *Così parlò Bellavista* non siano esaminati dagli studiosi con altrettanta attenzione?

Senofane, figlio di Dexio o di Ortomene, tanto per cambiare nasce anche lui sulla costa ionica: a Colofone. Se per quanto riguarda la paternità siamo incerti, sulla data di nascita non è che andiamo meglio: c'è chi lo vuole contemporaneo di Anassimandro[5] (nato nel 610) e chi di Gerone[6] (tiranno di Gela nel 470). A far contenti tutti avrebbe dovuto vivere più di cento anni e chissà che non ci sia riuscito sul serio. Quello che sappiamo di certo ce lo dice lui stesso in un'elegia: «Sono sessantasette anni che spingo errabondo il mio affanno per la terra ellenica e questo da quando ne erano passati già venticinque dalla nascita».[7] A questo punto è facile farsi dei conti: 67 + 25 = 92, aggiungiamoci qualche annetto noi ed eccoci arrivati a cento. È interessante piuttosto notare che cominciò «a spingere l'affanno» a venticinque anni. Facendo coincidere questa data con quella dell'esilio, e tenendo conto che l'invasione

[3] Fr. 2 Diels-Kranz.
[4] Plutarco, *Le nozioni comuni* 46; 1084 F.
[5] Diogene Laerzio, *Vite dei filosofi* IX 18 (cfr. trad. it. cit., p. 430).
[6] Clemente Alessandrino, *Stromata* I 64.
[7] Fr. 8 Diels-Kranz.

dei medi è del 540, finiamo col fissare la sua nascita intorno al 565 a.C.

Da ragazzo pare che non abbia avuto maestri. La notizia che lo vuole allievo di Anassimandro[8] ci sembra alquanto improbabile, a meno che Anassimandro, oltre che filosofo, non facesse pure il baby-sitter.

Senofane prese a contestare il mondo non appena ebbe l'uso della ragione. Colofone nella prima metà del VI secolo era governata da una oligarchia, detta dei mille cavalieri, e faceva parte di un territorio controllato dal popolo dei lidi. Niente di più normale a quei tempi, eppure al giovane Senofane la tenue dominazione lidia non andava a genio: diceva che i soldati di Creso erano dei playboy e che, per colpa loro, i costumi dei suoi concittadini si erano rammolliti. A fargli cambiare opinione sui lidi, provvide il generale Arpago, capo militare dei medi, soldato vecchio stampo e terrore di tutta la costa ionica. Il filosofo capì immediatamente che con le nuove truppe di occupazione non era il caso di mettersi a declamare satire e pensò bene di tagliare la corda.

Ne dovette passare di cotte e di crude: fu preso e venduto come schiavo dai pirati, venne riscattato dai pitagorici Parmenisco e Orestade,[9] seppellì i figli con le proprie mani,[10] visse a Zancle (Messina), a Catania,[11] a Malta, a Siracusa,[12] ad Agrigento e a Lipari[13] dove rimase molto impressionato dall'eruzione del vulcano (quale vulcano? Probabilmente confuse Stromboli con Lipari). Gira e rigira finì a Elea e qui, finalmente, decise di fermarsi per gettare la prima pietra della scuola eleatica.

[8] Diogene Laerzio, *Vite dei filosofi* IX 21 (cfr. trad. it. cit., p. 431).
[9] Diogene Laerzio, *Vite dei filosofi* IX 20 (cfr. trad. it. cit., p. 430).
[10] Diogene Laerzio, *Vite dei filosofi*, loc. cit.
[11] Diogene Laerzio, *Vite dei filosofi* IX 18 (cfr. trad. it. cit., p. 430).
[12] Ippolito, *Confutazione di tutte le eresie* I 14.
[13] Aristotele, *Portenti* 38 833a 15.

Morì vecchio e povero, ma così povero che un giorno confessò di «non riuscire a mantenere nemmeno due schiavi».[14]

Oltre ai *silloi* e alle elegie, scrisse un'opera in esametri intitolata *La natura*, quindi altri due poemi in versi di genere storico: *La fondazione di Colofone* e *La colonizzazione di Elea*.

Alcune storie della filosofia classificano Senofane come il primo, in ordine di tempo, dei filosofi eleati. Ora, che sia vissuto a Elea non ci sono dubbi, e che fosse più vecchio di Parmenide è un fatto incontestabile, ma che per queste due circostanze lo si debba poi considerare anche il fondatore della scuola eleatica, ci sembra un tantino azzardato. Forse «il poeta umorista di Colofone»[15] non era nemmeno un filosofo, ma solo un teologo nato per sbaglio con sette secoli di anticipo. Gli diamo atto, comunque, di essere stato il primo a coniare lo slogan «l'Uno è Tutto», che in qualche modo preannunzia il pensiero di Parmenide.

L'idea centrale di Senofane è che Dio non può essere confuso con quelle macchiette che Omero ed Esiodo avevano pubblicizzato nei loro poemi.[16] «Essi hanno attribuito agli Dei» diceva «tutto quello che per gli uomini è oggetto di onta e di biasimo: rubare, commettere adulterio e ingannarsi reciprocamente.»[17] Dio invece è un'entità superiore, è Tutto ed è Unico. Attenzione però: dicendo Unico, non dobbiamo subito pensare a un Dio come ce lo immaginiamo noi, gente di fede cristiana portata al monoteismo: bensì a una visione panteistica del mondo, tipo Talete tanto

[14] Plutarco, *Sentenze di re e generali* 175 C.

[15] P. Tannery, *op. cit.*, p. 131.

[16] Il giudizio critico è di Senofane: a noi gli dèi umani di Omero piacciono così come sono.

[17] Fr. 11 Diels-Kranz.

per intenderci, dove ogni cosa è Dio e dove l'insieme delle cose forma un Tutto Unico avente carattere divino. Gli uomini ignoranti, al contrario, tendono a raffigurarsi gli Dei come tanti superman fatti a propria immagine e somiglianza: «Gli etiopi li vedono camusi e neri, i traci con gli occhi cerulei e i capelli rossi»[18] e «se i buoi, i cavalli e i leoni avessero le mani, dipingerebbero i loro Dei simili a buoi, a cavalli e a leoni, e farebbero corpi foggiati come loro».[19]

Come prima cosa, dice Senofane, parlando di Dio non possiamo dire che Egli sia nato, giacché il perfetto non può nascere dall'imperfetto: Dio quindi è ingenerato ed eterno. Infine gli Dei non possono essere una moltitudine, perché, se così fosse, alcuni sarebbero superiori e altri inferiori, e non è concepibile l'idea di un Dio inferiore. Né potrebbero essere uguali, in quanto che l'uguale, non essendo per definizione migliore degli altri, contrasterebbe con la prima prerogativa della divinità che è quella di essere suprema. Concludendo: Dio è Unico, Onnipotente e Sferico, e, in quanto tale, non è né infinito né limitato.

Aristotele sulla sfericità del Dio di Senofane non è d'accordo. Secondo lui, «ammettere che Dio è sferico, è come porgli dei limiti».[20] Ora, per risolvere il problema e accontentare tutti, bisognerebbe aspettare Einstein e la sua teoria dello spazio curvo a quattro dimensioni che è limitato e illimitato nel medesimo tempo. Ho paura però di allontanarmi troppo dalla trattazione terra terra promessa all'inizio, per cui passo la mano e lascio le riflessioni di cui sopra, come stimolo, alla fantasia di chi legge.

Se, nell'intuizione dell'Uno, Senofane anticipa le teorie di Parmenide, nella fisica si ricollega maggiormente ai filo-

[18] Fr. 16 Diels-Kranz.
[19] Fr. 1 Diels-Kranz.
[20] Pseudo-Aristotele, *Su Melisso, Gorgia e Senofane* 3, 977a.

sofi di Mileto. Il mondo, secondo lui, viene dalla terra e ritornerà nella terra.[21] Attualmente però è fatto di terra e di acqua e, nelle soluzioni intermedie, di fango. A riprova delle incursioni di uno di questi elementi nella zona dell'altro, il filosofo cita le impronte fossili di pesci, piante e conchiglie, da lui trovate nelle latomie a Siracusa.[22] Straordinaria infine la sua ipotesi secondo la quale la terra, sotto i nostri piedi, sarebbe infinita,[23] non galleggiante quindi sull'acqua, come sosteneva Talete, né sospesa nel vuoto come voleva Anassimandro.

Il miglior Senofane, a mio avviso, resta quello che si dedica alla poesia. Leggiamo insieme una delle sue elegie e trasferiamoci col pensiero in un simposio del quinto secolo avanti Cristo.[24]

...il cratere è lì, ripieno di allegria, e c'è pronto altro vino nei vasi, che dice che mai verrà meno, dolce come il miele, odorante di fiori; nel mezzo l'incenso emana il suo sacro effluvio; c'è acqua fresca e dolce e limpida; qui accanto sono i biondi pani e la tavola sontuosa oppressa dal peso del cacio e del biondo miele; nel mezzo l'altare è tutto ricoperto di fiori e tutta la casa risuona del canto e del tripudio. Bisogna anzi tutto, da uomini dabbene, levare canti a Dio con racconti pii e con parole pure. Ma una volta che si è libato e implorato di poter operare secondo giustizia, non è eccesso peccaminoso bere fin tanto che chi non è troppo vecchio possa giungere a casa senza la guida di uno schiavo...

[21] Fr. 27 Diels-Kranz.
[22] Ippolito, *Confutazione di tutte le eresie* I 14.
[23] Fr. 28 Diels-Kranz.
[24] Fr. 1 Diels-Kranz.

XII
Parmenide

Parmenide, figlio di Pirèto, nacque a Elea tra il 520 e il 510 a.C.[1] Diogene Laerzio racconta che ebbe come maestri Senofane, Anassimandro e il pitagorico Aminia.[2] Sul fatto che sia stato scolaro di Senofane, non credo che ci possano essere dubbi: erano lì, in un paesino con meno di mille abitanti, con pochissime distrazioni, non vedo come avrebbero potuto non conoscersi. La presenza di Anassimandro, invece, tra gl'insegnanti di Parmenide, mi sembra un fatto quanto meno improbabile: duemila miglia di mare e, soprattutto, cento e passa anni di differenza tra i due, dovrebbero escludere qualsiasi contatto. Per quanto riguarda infine Aminia, ho paura che la relazione tra il pitagorico e l'eleate non sia stata proprio quella del maestro con l'allievo: ho letto attentamente la notizia riferita da Sozione Alessandrino e ho notato che, mentre nei confronti di Senofane e di Anassimandro lo storico usa l'espressione « fu scolaro », nel caso di Aminia preferisce un più equivoco « ebbe rapporti »[3] e, in un'altra traduzione, « ebbe consuetudine di vita »[4] e perfino « ebbe intimità ».[5] Che Parmenide

[1] Per le testimonianze e i frammenti riguardanti Parmenide, cfr. *I Presocratici*, cit., vol. I, pp. 247-81.
[2] Diogene Laerzio, *Vite dei filosofi* IX 21 (cfr. trad. it. cit., p. 431).
[3] Cfr. *I Presocratici*, cit., vol. I, p. 247.
[4] Diogene Laerzio, *Vite dei filosofi*, loc. cit.
[5] Cfr. *I Presocratici*, cit., vol. I, p. 248.

fosse omosessuale ce ne dà una conferma lo stesso Platone quando, nel dialogo omonimo, ci presenta ufficialmente Zenone come l'amante del filosofo.[6] La cosa, comunque, non ci deve meravigliare più di tanto: l'omosessualità a quei tempi era molto diffusa e quasi tutti i filosofi avevano il fidanzato. Diciamo piuttosto che questi pensatori, a differenza di quelli dei nostri giorni, erano soliti frequentare anche delle belle etère.

Parmenide nasce ricco, di buona famiglia e generoso verso gli amici. Quando gli muore Aminia, essendo costui molto povero, fa costruire a proprie spese una sontuosa cappella mortuaria.[7]

Secondo Plutarco, fu anche un ottimo legislatore, al punto che tutti i suoi concittadini, una volta giunti alla maggiore età, erano tenuti a prestare giuramento di fedeltà alle leggi parmenidee.[8]

Ebbe come scolari Zenone ed Empedocle[9] e con questo credo di aver detto tutto quello che so della sua vita a eccezione del viaggio che fece ad Atene nel 450. Pare che si trattasse di una missione diplomatica, promossa dagli eleati, per convincere Pericle a firmare un patto di alleanz ιra le due città. A conti fatti Parmenide e Zenone, più che con i governanti, finirono per passare la maggior parte del tempo con i colleghi ateniesi. Si trattò in pratica di uno scontro al vertice tra filosofi: da una parte gli eleati, smaniosi di mostrare che la provincia, in quanto a profondità di pensiero, non aveva nulla da invidiare alla metropoli, e dall'altra Socrate che, malgrado avesse solo venticinque anni, era già quel dialettico inesorabile che tutti sappiamo. Ne venne fuori la più noiosa e complicata conversazione

6 Platone, *Parmenide* 127 A.
7 Diogene Laerzio, *Vite dei filosofi* IX 21 (cfr. trad. it. cit., pp. 431-2).
8 Plutarco, *Contro Colote* 32, 1126 A.
9 Cfr. *I Presocratici*, cit., p. 248.

della storia della filosofia. Platone ce ne dà un ampio resoconto nel *Parmenide* e, malgrado la sua abilità di scrittore, non credo che ci sia mai stato nessuno che abbia letto questo dialogo dal principio alla fine, nemmeno il redattore responsabile delle edizioni Laterza. Ovviamente quando dico «nessuno» mi riferisco sempre all'ambito delle persone normali.

Ciò premesso, tanto per dare un'idea di cosa si dissero i filosofi in quello storico incontro, trascrivo qui di seguito l'inizio della confutazione di Socrate.[10] «Tu dici, o Zenone, che se le cose che sono, sono molte, esse debbono essere tutte simili e anche tutte dissimili, il che è cosa impossibile; infatti non può ciò che è dissimile essere simile, né ciò che è simile essere dissimile, giacché è impossibile che ciò che è dissimile sia simile e che ciò che è simile sia dissimile, e pertanto è anche impossibile che siano molte le cose che sono...» e così di seguito per altre cinquanta pagine.

La prima impressione è quella di uno scioglilingua, qualcosa del tipo: «sopra la panca la capra campa, sotto la panca la capra crepa», poi ovviamente uno si sforza di leggere con più attenzione l'intero dialogo e comincia a intravedere una luce lontana. In genere l'uomo medio si ferma a pagina sette, lì dove Parmenide dice «se dividerai in parti la grandezza come tale, e ciascuna delle molte cose grandi, sarà grande, ma grande in quanto possiede una parte della grandezza, parte che è più piccola della grandezza stessa come tale, non ne verrà fuori un'assurdità?». «Certamente» risponde Socrate e «certamente» risponde anche l'uomo medio, dopo di che cancella Parmenide dalla sua vita.

Ora io non sono un maratoneta della logica astratta, e sarà pure per questo che mi arrendo con una certa facilità; nello stesso tempo però non posso fare a meno di stupirmi

[10] Platone, *Parmenide* 128 B.

per la profondità speculativa raggiunta da questi filosofi della Magna Grecia. Ma come! Due uomini del quinto secolo avanti Cristo, nati e cresciuti in un paesino del basso Cilento, arrivano in una grande città come Atene, e qui, invece di darsi alla pazza gioia, si sprofondano in sottili disquisizioni filosofiche sul simile e sul dissimile, quando ancor oggi, alle soglie del duemila, in quegli stessi paesini del nostro Sud, malgrado la televisione, a stento si riescono a vendere i giornali.

Parmenide le sue idee ce le ha raccontate in un poema intitolato come sempre *La natura.*[11] L'introduzione del componimento poetico è quanto mai suggestiva: il filosofo immagina di trovarsi su un cocchio trainato da focose cavalle (le passioni dell'animo) e di giungere lì « dove si è fuori del cammino degli uomini ».

L'asse nei mozzi mandava un suono sibilante
tutto in fuoco (perché premuto da rotanti cerchi
da una parte e dall'altra) allorché si slanciarono
le fanciulle figlie del Sole, e, lasciate le case
della Notte, spinsero il carro verso la Luce.
Là è la Porta che divide i sentieri del Giorno e della Notte.

A guardia della porta, Parmenide trova la Giustizia che ha « le chiavi che aprono e chiudono » e non lo vuole far passare. Ma le figlie del Sole (le sensazioni) la convincono con « discorsi insinuanti » a far passare il poeta e a portarlo al cospetto della Dea. Costei lo accoglie, benevola e severa, e gli rivolge queste parole:

Tu devi conoscere entrambe le strade:
sia il saldo cuore della rotonda verità (la scienza)
sia l'opinione dei mortali (le apparenze)
nelle quali non v'è nulla degno di fede.

[11] Cfr. Sesto Empirico, *Contro i matematici* VII 111.

Ecco come Parmenide ha conosciuto la Verità e ha deciso di rivelarla ai posteri. Adesso tocca a noi posteri cercare di capirci qualcosa.

Nominare il verbo «divenire» in presenza di Parmenide era come bestemmiare in chiesa: si correva il rischio di essere presi a calci nel sedere. La sua idea fissa stava nel fatto che la Verità (o l'Uno, o Dio, o il Logos, o l'Essere)[12] era un qualcosa «di unico, d'intero, d'immobile e d'ingenerato».[13]

Di unico, perché unica realtà esistente.

D'intero, in quanto, in assenza di vuoto, non potevano nemmeno esistere gl'interspazi necessari a dividere l'Uno in più parti.

D'immobile, giacché per muoversi l'Uno avrebbe dovuto occupare uno spazio precedentemente vuoto.

D'ingenerato, dal momento che l'essere non poteva venire dal non essere che, come dice la parola stessa, non esiste.

Due sono le strade, secondo le indicazioni della Dea, necessarie ad accedere a questi risultati: quella della verità e quella dell'opinione. La prima coincide con l'Unità, ed è l'unica realtà che esiste. La seconda coincide con il Molteplice, ed è solo apparenza.

Anche Parmenide è un razzista intellettuale e, come quasi tutti i suoi colleghi presocratici, ha una pessima stima dei comuni mortali: «È gente» dice «dalla doppia testa, nel cui petto la mente vaga errabonda, cieca, sorda, stupida e incapace di distinguere l'essere dal non essere, la verità dall'opinione».[14]

[12] Sottolineare la definizione preferita.
[13] Pseudo-Plutarco, *Stromata* 5.
[14] Fr. 6 Diels-Kranz.

Il pensare, secondo Parmenide, implica l'essere,[15] mentre il non essere non è pensabile. In parole più semplici, il pensare dimostra l'esistenza della cosa pensata e, viceversa, il non essere, non solo non esiste, poverino, ma non può nemmeno essere pensato. E qui già non mi trovo: se penso a Ornella Muti, è ovvio che deve esistere una donna chiamata Ornella Muti, altrimenti non si capisce come avrei potuto fare a pensarla. Ciò nonostante, io potrei pensare anche a una persona che non esiste più, a Totò per esempio, e questo non dovrebbe implicare per forza l'esistenza della persona pensata. Tutt'al più si potrebbe dire che «esiste un uomo che sta pensando a un attore comico, chiamato Totò, oggi purtroppo scomparso». Ma Parmenide sorride alle mie obiezioni e a sua volta ribatte che io confondo «l'essere» con «l'esistere» e che solo le apparenze dicono che Totò è scomparso, giacché lui in effetti «è» ancora. Allora io, più incazzato che mai, mi metto a pensare a una cosa che, non solo non «è» in questo momento, ma che non è mai «stata», nemmeno prima! Penso, ad esempio, a una razza particolare di extraterrestri, più brutta di E.T., con i piedi a zampa di gallina, con il naso che sembra una proboscide e con le orecchie uguali a quelle dell'onorevole Andreotti! Ma anche in questo caso Parmenide non si scompone: dice che se sono stato capace di immaginare mostri simili, vuol dire che questi mostri «sono». E poi, dal momento che a me piace tanto il verbo «esistere», non posso negare che esistono le galline, le proboscidi e l'onorevole Andreotti.

Che strano questo Parmenide: ogni qual volta se ne esce con quel suo «l'essere è, il non essere non è» mi fa tanto venire la voglia di rispondergli «ma no», poi penso che si tratta di uno dei più grandi filosofi greci e mi sto zitto. È un po' quello che succede quando osservo un quadro di

[15] Fr. 5 Diels-Kranz.

Paul Klee: in un primo momento il buon senso mi porterebbe a definire «scarabocchi» le linee tracciate dal maestro, poi la fama che circonda l'artista e la severità del luogo finiscono col suggestionarmi.

Nella pittura, nella musica, nell'arte in genere, non sempre l'opera ha un suo significato esplicito. A volte essa è un prodotto fine a se stesso, puramente estetico, e non ha altro scopo se non quello di suscitare emozioni. Purtroppo gran parte dell'umanità è costituita da «finalisti», da persone cioè che hanno un assoluto bisogno di sapere che ogni azione umana ha un suo fine preciso e che questo fine coincide col significato dell'opera stessa. Ciò premesso io non vorrei commettere, nei confronti di Parmenide, lo stesso errore in cui cadono i «finalisti» quando giudicano l'arte astratta. Vuoi vedere, mi chiedo, che «l'essere è, il non essere non è» è solo un espediente poetico per indurmi alla fantasticheria ontologica?

A proposito di ontologico, la scienza dell'essere in quanto essere è chiamata ontologia e, a mio avviso, rappresenta lo scoglio più difficile da superare nello studio della filosofia greca. Anche in alcune manifestazioni del pensiero orientale, come ad esempio nel taoismo o nello zen, ho trovato un'eguale resistenza alla comprensione e questo m'induce a pensare che sia il taoismo sia lo zen abbiano un qualcosa in comune con la filosofia dell'essere. Certo, non è facile trovare un risvolto pratico all'ontologia. Supponiamo, ad esempio, che qualcuno mi chieda all'improvviso: «Caro professore, avendo deciso, da lunedì prossimo, di vivere in maniera ontologica, lei potrebbe dirmi, su per giù, come mi dovrei comportare? Tanto per avere un'idea: continuo ad andare in ufficio o no?». Ebbene, cosa rispondere? Io proverei a dire: «Si comporti come al solito, magari partecipando un po' meno agli alti e ai bassi del vivere quotidiano. Se le fanno una multa per divieto di sosta o se la Juve batte il Napoli, confronti le emozioni corrispondenti con la vera essenza della vita e ne tenga conto». Insomma, diciamo la verità: non saprei come cavarmela.

Forse il primo passo per avvicinarsi a Parmenide è quello di non scrivere «l'essere è...» con i puntini sospensivi, come se stessimo veramente per sapere che diavolo è quest'essere, ma di abituarci a pronunziare la frase come una semplice affermazione: «l'essere è» punto e basta. Poi però, dal momento che siamo curiosi e che ci resta difficile rassegnarci al dogma «dell'essere è e più non dimandare», ci permettiamo di chiedere se per caso non ci fosse una qualche descrizione dell'essere, magari approssimativa, per noi gente comune. Ci potremmo accontentare di una vaga definizione del non essere, salvo poi a dedurre il concetto più complicato per antitesi.

Fatte queste premesse, proviamo a dire che il non essere è l'insieme delle cose che si manifestano ai nostri sensi sotto forma di colore, sapore, suono e via dicendo, e che, al contrario, l'essere è l'essenza delle cose stesse, ovvero quello che si trova «sotto» la mutabilità delle apparenze.

Nella sua meravigliosa favola *Il piccolo principe*, il poeta francese Antoine de Saint-Exupéry ci racconta che da ragazzo aveva vissuto in una casa dove, si diceva, sarebbe stato sepolto un tesoro. Ebbene, proprio per questo motivo, anche se in definitiva il tesoro non fu mai trovato, quella casa gli era sembrata bellissima. «Noi» dice Saint-Exupéry «guardiamo in genere solo la scorza delle cose e non teniamo conto che l'importante è invisibile.»

Michelangelo, a chi lo copriva di lodi per l'eccezionale abilità di scultore, rispondeva sempre che lui si era limitato a togliere il «soverchio» in ogni blocco di marmo. Ebbene, nel nostro caso, questo soverchio sono le apparenze, e la statua ideale, imprigionata nel marmo, unica nella sua perfezione, è proprio quell'essere di cui vorremmo conoscere l'immagine.

Come si vede, ci stiamo avventurando per un sentiero che porta dritto dritto al mondo platonico delle idee. Attenzione: trattasi di strada ripida e scivolosa che conduce, oltretutto, fuorimano!

XIII
Zenone

Zenone[1] era la «spalla» di Parmenide. Quando ci fu la famosa riunione dei filosofi in casa di Pitodoro, durante il viaggio ad Atene, è lui il primo a prendere la parola o, come si dice in gergo teatrale, a scaldare la piazza, ed è sempre lui a fingere di pregare il maestro, non appena si accorge che l'attenzione del pubblico ha toccato la sua *akmè*. «Non ti pregherei» disse «se fossimo in molti, giacché non conviene trattare questi argomenti di fronte al volgo che troppe cose ignora, ma dal momento che siamo in pochi, ti prego di parlare, o Parmenide, pure a nome di Socrate, affinché anch'io, dopo tanto tempo, possa udire la tua voce.»[2] E Parmenide, malgrado fosse andato al convegno proprio per divulgare le sue idee, quasi controvoglia risponde: «Mi sento come il cavallo di Ibico, troppo vecchio per affrontare la corsa, o come lo stesso poeta, troppo in là con gli anni per sopportare le fatiche d'amore, eppure temo che dovrò ubbidire alle vostre insistenze, malgrado la paura che provo ad attraversare un così vasto mare di parole». Si spaventava lui, figuriamoci noi che non siamo filosofi e che ci vediamo costretti a leggere pagine e pagine

[1] Per le testimonianze e i frammenti riguardanti Zenone, cfr. *I Presocratici*, cit., vol. I, pp. 282-304; M. Untersteiner, *Zenone. Testimonianze e frammenti*, Firenze 1963.
[2] Platone, *Parmenide* 126 D.

di ragionamenti astratti, per poi scoprire alla fine che «l'Uno è Uno e non può essere molti, sia che l'Uno sia, sia che non sia».[3]

Zenone, figlio di Teleutagora, nacque a Elea intorno al 490 a.C.[4] Fosse nato altrove, probabilmente sarebbe diventato un buon pescatore o al massimo un maestro di scuola; essendo cresciuto invece a pochi passi dalla casa di Parmenide, ebbe modo di farsi notare fin da piccolo per l'intelligenza e la vivacità del carattere. A quei tempi i filosofi-politici, quelli sul genere di Pitagora, tanto per intenderci, erano sempre a caccia di nuovi talenti da reclutare per il proprio clan, è logico quindi che anche Parmenide, intuite le possibilità del ragazzo, abbia chiesto alla famiglia di poterlo adottare. I genitori di Zenone, a loro volta, furono ben felici di accordare questa adozione, dal momento che Parmenide era considerato uno dei pezzi grossi della città di Elea. Che poi la scelta fosse stata dettata più dalla bellezza del fanciullo che non dalle sue qualità intellettive, è francamente un pettegolezzo che non possiamo ignorare: d'altra parte, non avendo a disposizione un rotocalco dell'epoca che possa illuminarci su questioni del genere, ci dobbiamo accontentare del già citato commento di Platone[5] e di una frase di Diogene Laerzio che definisce Zenone «uditore e amasio[6] di Parmenide».

Il giovanotto studiò fisica, matematica e astronomia e divenne in breve tempo un uomo di eccezionale cultura. Fu anche un ottimo polemista, al punto che sarà citato da Aristotele come l'inventore della dialettica.[7] Ebbe numerosi allievi, tra cui Melisso, Empedocle, Leucippo, Pitodoro,

[3] Platone, *Parmenide* 166 A.
[4] Diogene Laerzio, *Vite dei filosofi* IX 25 (cfr. trad. it. cit., p. 434).
[5] Platone, *Parmenide* 127 B.
[6] Dal latino *amasius*, che significa «amante», «ganzo» (Palazzi).
[7] Aristotele, fr. 65 Rose.

Cefalo, Callia e perfino Pericle. A sentire Platone,[8] le sue lezioni private erano particolarmente vantaggiose, anche se non troppo economiche: un intero corso veniva a costare cento mine, somma che nella Grecia del quinto secolo consentiva l'acquisto di un piccolo appezzamento di terreno.

Si dice che Zenone fosse bello, ma su questo punto, in verità, non tutti sono d'accordo. Come prima cosa infatti ci si chiede: era alto o basso di statura? Platone lo descrive come un uomo «di figura slanciata, elegante e gradevole a vedersi»,[9] uno storico arabo invece, tale Al-Mubassir, sostiene che, pur essendo di bell'aspetto, «era basso e aveva il naso camuso».[10] Subito dopo però qualcun altro ci fa sapere che «i suoi occhi erano bellissimi, grandi, neri e fatti a forma di mandorle» ma anche che «la sua testa era grossa rispetto al corpo e che aveva un emangioma sulla guancia». Nemmeno sul suo modo di camminare gli storici hanno trovato un minimo d'intesa: per alcuni «si muoveva con estrema lentezza, avendo cura di mantenere sempre alto il capo» per altri invece «una volta in cammino, era difficile raggiungerlo a causa della velocità del suo passo. Era solito portare un bastone con l'impugnatura a forcella, tutto ornato d'avorio e di smeraldi».[11]

Certo, l'avvenenza di Zenone non ha niente a che vedere con le sue idee, tuttavia ci ha sempre un po' meravigliato il comportamento di questi grandi filosofi che, mentre in teoria predicavano il disprezzo delle apparenze, in pratica poi curavano la propria immagine pubblica in ogni minimo dettaglio. In proposito, non dobbiamo dimenticare che l'arte oratoria in Grecia badava più alla forma che ai contenuti: erano di moda l'incedere ieratico, il gesto solenne, il

[8] Platone, *Alcibiade* I 119 A.

[9] Platone, *Parmenide* 127 B.

[10] Cfr. F. Rosenthal, *Arabische Nachrichten über Zenon den Eleaten*, in «Orientalia» 6, 1937, pp. 21-67.

[11] M. Untersteiner, *op. cit.*, p. 21.

parlare sentenzioso. Per rendersene conto, basta farsi un giretto tra le statue greche dei Musei Vaticani, e subito si capisce quanto doveva essere importante a quell'epoca avere un contegno che incutesse rispetto.

Per Zenone, in particolare, l'atteggiamento da assumere in pubblico deve essere stato oggetto di continua preoccupazione; come tutti i politici, infatti, sapeva benissimo che un gesto o una pausa, a volte, possono essere più eloquenti di un lungo discorso e che la gente la si conquista meglio con un efficace istrionismo che non con la forza delle argomentazioni, alla faccia delle dottrine eleatiche che definivano l'apparenza un simulacro di bugie.

Il suo hobby principale, la politica, lo portò molto in alto nella considerazione dei concittadini, però fu anche la causa della sua tragica fine. Pare, ma la cosa non è affatto provata, che verso la fine del quinto secolo la città di Elea fosse finita sotto la dittatura di un certo Nearco, leader del partito democratico secondo alcuni,[12] o tiranno di Siracusa secondo altri.[13] Contro costui, chiunque egli fosse, Zenone ordì una congiura e finanziò una spedizione armata di aristocratici che, partendo dall'isola di Lipari,[14] avrebbe dovuto sbarcare notte tempo sulla costa italica. L'impresa purtroppo finì male: qualcuno evidentemente aveva messo sull'avviso gli uomini di Nearco. I rivoluzionari furono sterminati quando ancora non avevano messo un piede sulla spiaggia di Elea e il filosofo venne trascinato in catene davanti al tiranno.

Si racconta anche che, qualche anno prima di questa disavventura, un altro tiranno, Dionisio, avesse chiesto a Zenone quale fosse il maggior vantaggio ricavabile dalla

[12] Filostrato, *Vita di Apollonio di Tiana* (trad. it. di D. Del Corno, Milano 1978, pp. 307-8).

[13] F. Rosenthal, *art. cit.*

[14] Diogene Laerzio, *Vite dei filosofi* IX 26 (cfr. trad. it. cit., p. 435).

filosofia, e che il filosofo gli avesse risposto: «Il disprezzo della morte».[15] Ebbene, proprio nel suo ultimo giorno di vita, il vecchio ebbe modo di dimostrare la validità di questa asserzione. Nearco fece di tutto per strappargli i nomi dei congiurati rimasti a Elea: Zenone, con la massima faccia tosta, si limitò a citare, uno per uno, tutti i politici più legati al tiranno,[16] e solo quando la tortura raggiunse un'intensità non più sopportabile, promise di dire tutta la verità, a patto però che ad ascoltare ci fosse solo Nearco. Quando costui si avvicinò per meglio udire i nomi dei complici, gli addentò l'orecchio e non mollò la presa finché non cadde trafitto dalle spade dei carnefici.[17] E non basta: non essendo ancora morto, fu di nuovo sottoposto a tortura, al che lui si mozzò la lingua con un morso e la sputò in faccia al tiranno.[18] Allora, finalmente, Nearco si arrese: capì che con un tipo del genere non c'era niente da fare e comandò che fosse pestato in un mortaio e ridotto in piccoli pezzi.[19]

Sembra che, prima di esalare l'ultimo respiro, il poveretto abbia dichiarato: «Nella vita la virtù non è sufficiente, giacché ha bisogno anche dell'aiuto di un felice destino». Come massima, dobbiamo dire, non ci è mai sembrata una frase molto originale, ma dal momento che è stata pronunziata con mezza lingua e dal fondo di un mortaio, riteniamo che possa senz'altro passare alla storia.[20]

Molti sfottevano Parmenide[21] e la cosa non poteva far piacere a un allievo fedele come Zenone che, da quel poco

[15] Tertulliano, *Apologetico* 50.
[16] Diogene Laerzio, *Vite dei filosofi* IX 27 (cfr. trad. it. cit., p. 435).
[17] Diodoro Siculo, X 18, 2.
[18] Clemente Alessandrino, *Stromata* IV 57.
[19] Diogene Laerzio, *Vite dei filosofi* IX 27 (cfr. trad. it. cit., p. 435).
[20] M. Untersteiner, *op. cit.*, p. 19.
[21] Platone, *Parmenide* 128 C.

che siamo riusciti a sapere, doveva essere un tipo polemico e permaloso. Argomento della presa in giro era il principio stesso dell'eleatismo (l'essere è, il non essere non è) per via di un'incongruenza di fondo. Gesù, dicevano i critici, ma come è possibile concepire l'essere, se non si ha contemporaneamente anche l'idea del non essere? Come intuire l'Uno senza conoscere il Molteplice, o come parlare della Luce, se non si è avuto, almeno una volta, l'esperienza del Buio? E allora, dal momento che l'essere ha bisogno, come elemento pregiudiziale, della conoscenza del non essere, completiamo il pensiero di Parmenide e diciamo che «l'essere è, e il non essere non è, pur essendo necessario».

Per controbattere queste critiche, Zenone tira fuori un metodo che, partendo dalle certezze degli avversari, segue un itinerario logico e giunge a conclusioni impossibili. L'importante per lui è che in ogni punto del ragionamento sia sempre rispettato il principio di non contraddizione. Se, come filosofo, non possiamo considerarlo una stella di prima grandezza, essendosi limitato ad avallare le teorie di Parmenide, come dialettico invece occupa un posto di tutto rispetto nella storia della filosofia, avendo anticipato con il suo metodo i sofisti e Socrate. Bersagli principali della confutazione eleatica sono la pluralità e il movimento. Voi, dice Zenone, vi siete divertiti a mettere in ridicolo l'unicità dell'essere, e io adesso vi dimostro a quali assurdità si può arrivare ammettendo l'esistenza del molteplice. Dopo di che enuncia i suoi paradossi.

Primo paradosso:[22] supponiamo che un uomo desideri andare in macchina da Napoli a Roma percorrendo l'autostrada del Sole; ebbene, dice il filosofo, quest'uomo non riuscirà mai ad arrivare alla fine del viaggio giacché prima di raggiungere il casello di Roma Sud, dovrà transitare per

[22] Aristotele, *Fisica* VI 9, 239b 9.

il punto di mezzo del percorso che si trova più o meno all'altezza di Pontecorvo, e prima di arrivare a Pontecorvo, dovrà superare un altro punto di mezzo, quello che sta presso l'uscita di Capua e che divide in due la prima metà dell'autostrada, e prima di Capua dovrà transitare per un altro punto intermedio e così di seguito fino all'infinito. In altre parole, un segmento può essere diviso in due parti e ciascuna di queste parti, a sua volta, può essere divisa in altre due parti più piccole e non accadrà mai che, a forza di dividere, un pezzetto di segmento possa diventare così piccolo da non poter essere diviso ancora in due parti. In conclusione, l'uomo per arrivare a Roma dovrà toccare tutti gl'infiniti punti intermedi del percorso e per farlo dovrà impiegare un tempo infinito, quindi non arriverà mai a destinazione.

Secondo paradosso:[23] Achille, lo sappiamo tutti, era soprannominato «piè veloce», eppure, a sentire Zenone, non sarebbe stato capace di raggiungere la più lenta delle tartarughe. Supponiamo infatti che Achille si trovi seduto sul punto A e che la tartaruga lo guardi da lontano, stando ferma nel punto B, improvvisamente l'eroe greco si alza di scatto e piomba come un falco nel punto B per catturare la tartaruga; questa però, avendo intuito le sue brutte intenzioni, non appena lo vede correre nella sua direzione, scappa via e, nel tempo in cui Achille percorre il tratto A-B, riesce a spostarsi di qualche centimetro raggiungendo il punto C. Lì per lì Achille ci resta male: «Come ho fatto» pensa «a non acchiapparla?», poi, convinto della propria superiorità, ci riprova e cerca di prendere l'animaletto nel punto C. Ancora una volta però la tartaruga si è spostata e, malgrado la lentezza dei suoi movimenti, ha raggiunto il punto D. Il racconto potrebbe continuare all'infinito: Achille non prenderà mai la tartaruga, a meno che questa

[23] Aristotele, *Fisica* VI 9, 239b 14.

non muoia prima, e le tartarughe, si sa, vivono a lungo, o non decida di aspettarlo in uno dei punti del percorso.

Terzo paradosso:[24] un arciere scocca una freccia contro un bersaglio, noi tutti la vediamo volare tranne Zenone che sostiene il contrario. In ogni istante, dice il filosofo, la freccia è immobile e sommando tante immobilità non è possibile ottenere come risultato il movimento.

Fosse ancora vivo oggi, Zenone direbbe: «Se non mi credete, provate a fare una fotografia e poi ditemi se la freccia si muove o sta ferma?». Forse, sul filo della logica, potremo anche essere d'accordo con lui, sul piano pratico invece, consigliamo vivamente i lettori di non sostare nei pressi dei bersagli.

Quarto paradosso:[25] tre giovanotti, Antonio, Gennaro e Pasquale, vanno allo stadio. I primi due scendono in pista e si mettono a correre, l'uno in un senso, l'altro nel senso opposto; il terzo amico invece non ha voglia di correre e decide di sedersi al centro della tribuna. Dopo un giro di campo, Antonio e Gennaro s'incrociano correndo proprio davanti al posto dove è seduto Pasquale. Ebbene, in quell'istante Antonio, visto da Gennaro, sembra essere due volte più veloce di quanto non appaia a Pasquale che sta seduto. Zenone, che crede nel principio della non contraddizione, conclude dicendo: «Il movimento risulta diverso a seconda di chi lo osserva, quindi non esiste!».

Dei quattro paradossi, l'ultimo è il più semplice da spiegare, così semplice, oserei dire, che forse non è nemmeno un paradosso. La relatività ci ha insegnato che non ha senso dire che un oggetto si muove, a meno che non si precisi anche «rispetto a chi» questo oggetto si è mosso. Non bisogna quindi scandalizzarci più di tanto se la velocità di Antonio sembra essere di venti chilometri l'ora a Pa-

[24] Aristotele, *Fisica* VI 9, 239b 30.
[25] Aristotele, *Fisica* VI 9, 239b 33.

squale (che sta fermo) e di quaranta chilometri l'ora a Gennaro (che corre in senso inverso): Einstein dice che sono vere entrambe le ipotesi. Il fenomeno poteva meravigliare un pignolo come Zenone che nel quinto secolo non era mai salito su un treno e non aveva mai visto gli alberi corrergli incontro, non noi che sappiamo tutto sulla relatività.

I primi tre paradossi, invece, nascono dalla stessa matrice: quella della divisibilità all'infinito di uno spazio limitato o di un tempo finito. I libri di testo in genere si rifanno ancora una volta alla teoria della relatività e se la cavano dicendo che i rompicapi di Zenone non sono risolvibili se non inquadrati in un contesto spazio-tempo a quattro dimensioni. Sennonché, per quanto mi riguarda, non me la sento di togliere il lettore dalla padella di Zenone per farlo finire nella brace di Einstein, e quindi mi arrangio a trovare una spiegazione matematico-maccheronica che possa risolvere in qualche modo le assurdità di Zenone.

Lo Zero e l'Infinito sono due numeri come tutti gli altri, magari non tanto usati dalla gente come noi, ma facilmente reperibili nelle equazioni e nelle formule dei matematici. Questi due strani numeri però, a differenza di quelli comuni, hanno alcuni eccezionali requisiti: lo Zero, ad esempio, moltiplicato per qualsiasi numero, dà sempre zero come risultato, e l'Infinito, anch'esso moltiplicato per qualsiasi numero, non può dar luogo che a un altro infinito. Ci si chiede allora: che cosa succede quando si moltiplicano tra loro lo Zero e l'Infinito? Non succede niente: essendo uno scontro fra due entità limite della matematica, il match si chiude in parità e il risultato che ne viene fuori resta indefinito, ovvero qualsiasi.

Prendiamo in esame il primo paradosso: se suddivido infinite volte un tratto di strada, cioè un segmento finito, alla «fine» (scritto tra virgolette) avrò un numero infinito di pezzetti di strada tutti di lunghezza zero. Ciò premesso, io non posso dire, come afferma Zenone, che la somma di queste particelle deve essere per forza infinita, in quanto che i pezzetti di cui si parla, nel momento stesso in cui sono diventati infiniti come numero, sono anche diventati zero come lunghezza. Dire quindi che «la somma di un numero infinito di zeri è infinita» è una ciucceria: è come far vincere l'Infinito sullo Zero nel match di prima.

Anche nel secondo paradosso, la tartaruga man mano percorrerà tratti di strada sempre più piccoli, fino a spostarsi di un trattino praticamente uguale a zero. In quel momento Achille l'acchiappa e le dà il calcione che si merita.

Per quanto riguarda infine il paradosso della freccia, non ho altro da aggiungere: oltre che con uno spazio, qui abbiamo a che fare anche con un intervallo di tempo che il solito Zenone si diverte a suddividere in un numero infinito di istanti uguali a zero. Stesso ragionamento, medesima conclusione.

Spero di essere stato chiaro. Comunque, se non ci sono riuscito, pazienza: si può vivere benissimo anche senza i paradossi di Zenone.

Antistene il cinico, ad esempio, non sopportava gli eleati e le loro dimostrazioni contro il movimento. Si racconta[26] che un giorno, non riuscendo a controbattere Zenone sul paradosso della freccia, si sia messo a camminare su e giù per la stanza fino a farlo esclamare:

«Ti vuoi stare fermo un momento!»

«Allora ammetti che mi muovo?» gli disse Antistene.

[26] Proclus in Parmenidem I p. 694 23.

XIV
Melisso

Melisso[1] è l'unico ammiraglio della Storia che sia stato anche un filosofo. In genere i militari, e in particolare quelli della Marina, sono persone più portate al comando secco che non alla discussione dialettica, eppure, ciò nonostante, il comandante Melisso è riuscito a procurarsi un posticino nella storia della filosofia quale quarto e ultimo pensatore della scuola eleatica. Come abbia potuto conciliare l'immobilità professata da Parmenide con l'azione bellica improvvisa, richiesta dal suo mestiere di stratega, rimarrà sempre un mistero; comunque a noi piace immaginarlo sul ponte della nave ammiraglia, curvo su un boccaporto, intento a scrivere il suo libro «sulla natura e sull'essere», in un giorno di bonaccia, al largo delle coste ioniche.

Della vita di Melisso sappiamo poco o niente: Plutarco[2] ce lo segnala a capo della flotta samia mentre vince una battaglia contro gli ateniesi, e chissà che non sia stato proprio questo il motivo della scarsità di notizie che abbiamo sul suo conto; certo è che Atene, nella seconda metà del quinto secolo, era il punto di riferimento del mondo

[1] Per le testimonianze e i frammenti riguardanti Melisso, cfr. *I Presocratici*, cit., vol. I, pp. 305-12.

[2] Plutarco, *Vita di Pericle* 26 (cfr. Plutarco, *Le Vite parallele*, trad. it. di C. Carena, Verona 1981, vol. I, p. 576).

greco, e schierarcisi contro voleva dire farsi emarginare, se non altro dagli uomini di cultura della corte di Pericle. A completare l'opera occultatrice di costoro, dopo un paio di generazioni, ci si mise pure Aristotele e allora non ci fu più scampo per nessuno: l'enciclopedico filosofo di Stagira, da quel perfetto computer che era, catalogò, giudicò e decise per i successivi duemila anni chi meritava di sopravvivere nel ricordo dei posteri e chi invece doveva scomparire nell'oblio.

Con Zenone e Melisso, ad esempio, non si fece scrupoli: disse che erano due «filosofi da strapazzo».[3] Il primo gli stava antipatico per via dei paradossi, il secondo per aver conferito alla materia quel carattere d'infinità che egli preferiva riservare alla sfera dell'immateriale. D'altra parte, ogni valutazione dei filosofi presocratici non ha mai potuto prescindere da Platone e Aristotele. La quasi totale perdita dei testi originali ha fatto sì che gli storici del ramo, per capirci qualcosa, sono stati costretti a prendere per oro colato tutto quello che i due mammasantissima della filosofia greca avevano scritto in proposito, e si sa come vanno a finire certe cose: quando si parla di fatti lontani, tutto bene, quando invece si tratta di contemporanei, che Dio ci scampi e liberi dai giudizi dei colleghi.

Melisso, figlio di Itegene,[4] nacque nell'isola di Samo tra il 490 e il 480 a.C. Dei suoi primi quarant'anni di vita non ci sono giunte notizie; trattandosi però di un ammiraglio, è lecito presumere che abbia compiuto numerosi viaggi di mare. Riteniamo pertanto che sia stato a Mileto, patria di Anassimandro, e a Elea, città natale di Parmenide, ovvero nei luoghi che videro fiorire i due filosofi che più di tutti influenzarono il suo pensiero. L'ipotesi invece, secondo la quale si sarebbe incontrato con gli eleati ad Atene nel 450,

[3] G. Calogero, *Studi sull'eleatismo*, Roma 1932, p. 141.
[4] Diogene Laerzio, *Vite dei filosofi* IX 24 (cfr. trad. it. cit., p. 433).

francamente non ci convince: Parmenide, essendo ripartito quasi subito, non avrebbe avuto il tempo d'insegnargli nulla, e Zenone, pur restando molti anni alla corte di Pericle, aveva frequentato gli ateniesi in un periodo in cui i rapporti tra Samo e Atene erano ormai compromessi.

Perché Melisso salga agli onori della cronaca, dobbiamo aspettare il 442 a.C., l'anno cioè di una scaramuccia tra Samo e Mileto[5] per il possesso di Priene. A prendere più mazzate, in questa litigata fra dirimpettai, fu Mileto, che però, all'indomani della sconfitta, corse subito a piangere in grembo ad Atene perché le fosse restituito il mal tolto. Ora bisogna sapere che a quei tempi Atene esercitava un po' il ruolo di città madre su tutte le coste dell'Egeo, era quindi normale che le si chiedesse aiuto in casi del genere; sembra tuttavia che a convincere Pericle a prendere le difese di Mileto, sia stata più la sua amante, Aspasia, che non la delegazione dei milesi.[6] Certo è che un brutto mattino i poveri sami si svegliarono e si videro circondati da una flotta di quaranta navi. I marines ateniesi cacciarono via il governo in carica e lo sostituirono con una giunta democratica, quindi prelevarono cinquanta ostaggi tra i figli delle famiglie più in vista e lasciarono una piccola guarnigione a difesa dei loro interessi. Un gruppo di politici però era riuscito a fuggire ed è lecito supporre che tra di loro ci fosse pure Melisso che, come quasi tutti i filosofi dell'epoca, era di estrazione aristocratica. Gli esuli ottennero asilo politico da Pissutne, il tiranno di Sardi, e con l'aiuto di quest'ultimo armarono una spedizione di settecento guerriglieri per riconquistare la patria perduta. L'impresa riuscì perfettamente: gli aristocratici ripresero il controllo della città e sopraffecero le truppe di occupazione. Sul viso di ogni

[5] Tucidide, *La guerra del Peloponneso* I 115-16 (cfr. trad. it. di L. Annibaletto, Verona 1981, vol. I, pp. 74-5).
[6] Plutarco, *Vita di Pericle* 25-8 (cfr. trad. it. cit., pp. 575-79).

ateniese venne tatuata una civetta, simbolo delle loro monete, e questo per vendicarsi del fatto che durante l'invasione gli ateniesi avevano tatuato una samena[7] sulla fronte di alcuni maggiorenti locali. Però non c'era troppo da cantar vittoria: prima o poi Pericle sarebbe riapparso. Si cercò di rabbonirlo per via diplomatica: Pissutne gli offrì anche diecimila stateri d'oro e Dio solo sa fino a che punto Pericle fosse venale. Questa volta però l'affronto era stato troppo grave e, anche se a malincuore, l'ateniese fu costretto a rifiutare l'offerta. Comunque, nel mentre si parlamentava, Melisso si era dato da fare a organizzare la difesa: aveva potenziato le mura e ammassato all'interno della città quante più riserve possibili.

Gli ateniesi non si fecero attendere: sessanta navi, al comando dello stesso Pericle, dopo aver vinto una prima battaglia navale, strinsero d'assedio la città circondandola da ogni lato. E fu proprio in questo frangente che Melisso si coprì di gloria: una notte, approfittando del fatto che Pericle si era allontanato con alcune triremi, tentò una sortita e distrusse le rimanenti navi ateniesi. Con questa azione egli segnò il punto della bandiera per i colori di Samo, pur non riuscendo a ribaltare le sorti della guerra. Pericle infatti armò una flotta, ancora più potente della prima, e questa volta per i sami non ci fu speranza: l'assedio durò nove mesi e alla fine la città fu espugnata grazie alle nuove macchine da guerra inventate da un certo Artemone Periforeto. Costui era un architetto ateniese, zoppo e omosessuale, che non usciva mai di casa per paura di qualche disgrazia. Egli viveva costantemente seduto e, per evitare che gli cadesse addosso qualcosa, aveva sempre due schiavi ai lati che gli reggevano uno scudo sulla testa.[8]

[7] La samena era un'imbarcazione caratteristica dell'isola di Samo.
[8] Plutarco, *Vita di Pericle* 28 (cfr. trad. it. cit., pp. 578-79).

A parte l'abilità di stratega, Melisso è noto come il quarto filosofo della scuola eleatica. La sostanziale differenza tra lui e i suoi predecessori sta nel fatto che mentre per Parmenide l'essere è un qualcosa al di fuori del tempo, per Melisso s'identifica con la realtà empirica. « Ciò che è » dice l'ammiraglio « è sempre stato e sempre sarà. »[9] Di qui le ingiurie di Aristotele che si arrabbiava per il declassamento dell'essere parmenideo da un livello intellettuale a un livello sensibile.[10]

A noi gente semplice la diversità tra le due posizioni sembrerebbe una fesseria, se però valutiamo con maggiore attenzione il significato dei due concetti, ci rendiamo subito conto che si tratta di una differenza sostanziale.

Melisso è un uomo pratico, o, quanto meno, lo è più di Parmenide, se non altro perché risente della vicinanza dei fisiologi della scuola di Mileto e, in particolare, di Anassimandro. Quindi, pur essendo d'accordo con gli eleati per quanto riguarda la futilità delle apparenze e la non affidabilità dei sensi, non se la sente di considerare l'essere un'entità vuota e astratta, bensì cerca di dargli una concretezza e lo identifica con l'intero universo, con un qualcosa cioè d'indeterminato e d'infinito che comprende ogni cosa. Così presentato il suo essere è più parente dell'*ápeiron* di Anassimandro che non dell'essere intoccabile di Parmenide, pur avendo con quest'ultimo molti punti di contatto. Dice l'ammiraglio:[11]

– Se qualcosa esiste è eterno, dato che nulla può nascere dal nulla.
– Se è eterno è anche infinito, perché non ha principio né fine.
– Se è eterno e infinito è anche uno, perché se fosse due,

[9] Fr. 1 Diels-Kranz.
[10] Aristotele, *Metafisica* I 5, 986b 25.
[11] Aristotele, *Su Melisso, Gorgia e Senofane* 1-2, 974a-977a.

ciascuno dei due finirebbe col diventare un limite dell'altro.

– Se è eterno, infinito e uno, è anche omogeneo, perché se così non fosse sarebbe diverso da una parte all'altra e quindi molteplice.
– Se è eterno, infinito, uno e omogeneo, è anche immobile, non esistendo un posto al di fuori di esso dove andare.
– Se è eterno, infinito, uno, omogeneo e immobile, non può soffrire né provar pena, dovendo restare sempre uguale a se stesso.

Premesso che quanto sopra è la teoria di Melisso e non una filastrocca stile «vecchia fattoria», notiamo con soddisfazione che il filosofo usa nella prima ipotesi il verbo «esistere». Questa volgarizzazione dell'essere ci consente infatti di trovare nelle affermazioni di Melisso una risposta pratica alle nostre più angosciose domande. Dal momento che ognuno di noi ha la precisa sensazione che qualcosa esista, è confortevole pensare che questa esistenza in quanto tale sia anche infinita, e questo al di là delle apparenze terrene.

L'essere di Melisso è insomma una cosa buona, positiva. Non è ancora un identikit di Dio, ma poco ci manca. Il salto, tra la concezione di un universo infinito, uno ed eterno, e la ipotesi di un Dio con uguali caratteristiche, diventa sempre più piccolo, e non a caso, in uno dei suoi frammenti, Melisso descrive l'essere quasi come se parlasse di un vecchio con la barba: «Egli non può perire, né diventare maggiore... perché se in diecimila anni dovesse trasformarsi, anche di un solo capello, in tutta la durata del tempo finirebbe col distruggersi del tutto».[12]

[12] Fr. 7 Diels-Kranz.

XV
Agrigento

Breve storia di Agrigento: un gruppo di profughi dell'isola di Rodi e un migliaio di coloni provenienti da Gela, agli ordini dei capi Aristonoo e Pistillo, una bella mattina dell'anno di grazia 583 a.C., decisero di fermarsi lungo un declivio compreso fra due fiumi: l'Akragas e l'Hypsas. La zona presentava tutti i requisiti richiesti dal manuale del colonizzatore: a est e a ovest due corsi d'acqua limpidi e rigogliosi, in pratica due confini naturali facilmente difendibili, a nord una rocciosa collina, piedistallo ideale per un'Acropoli degna di questo nome, e infine il mare a non più di tre chilometri di distanza, quel tanto che bastava cioè per non doversi svegliare all'improvviso con i cartaginesi in camera da letto.

La colonia crebbe a vista d'occhio e in meno di un secolo raggiunse i duecentomila abitanti.[1] Il tiranno Terone, quando Empedocle era ancora un ragazzino, sconfiggendo le città di Heraclea Minoa e di Himera, si procurò un tal numero di schiavi da poter costruire decine e decine di edifici pubblici d'ineguagliabile splendore. Oggi, visitando la Valle dei Templi, lo sguardo del turista viene attratto

[1] Secondo Timeo gli abitanti di Agrigento erano ottocentomila al tempo di Empedocle: cfr. Diogene Laerzio, *Vite dei filosofi* VIII 63 (cfr. trad. it. cit., p. 408). Ma, tenuto conto dello spazio compreso entro le mura, la notizia non sembra attendibile.

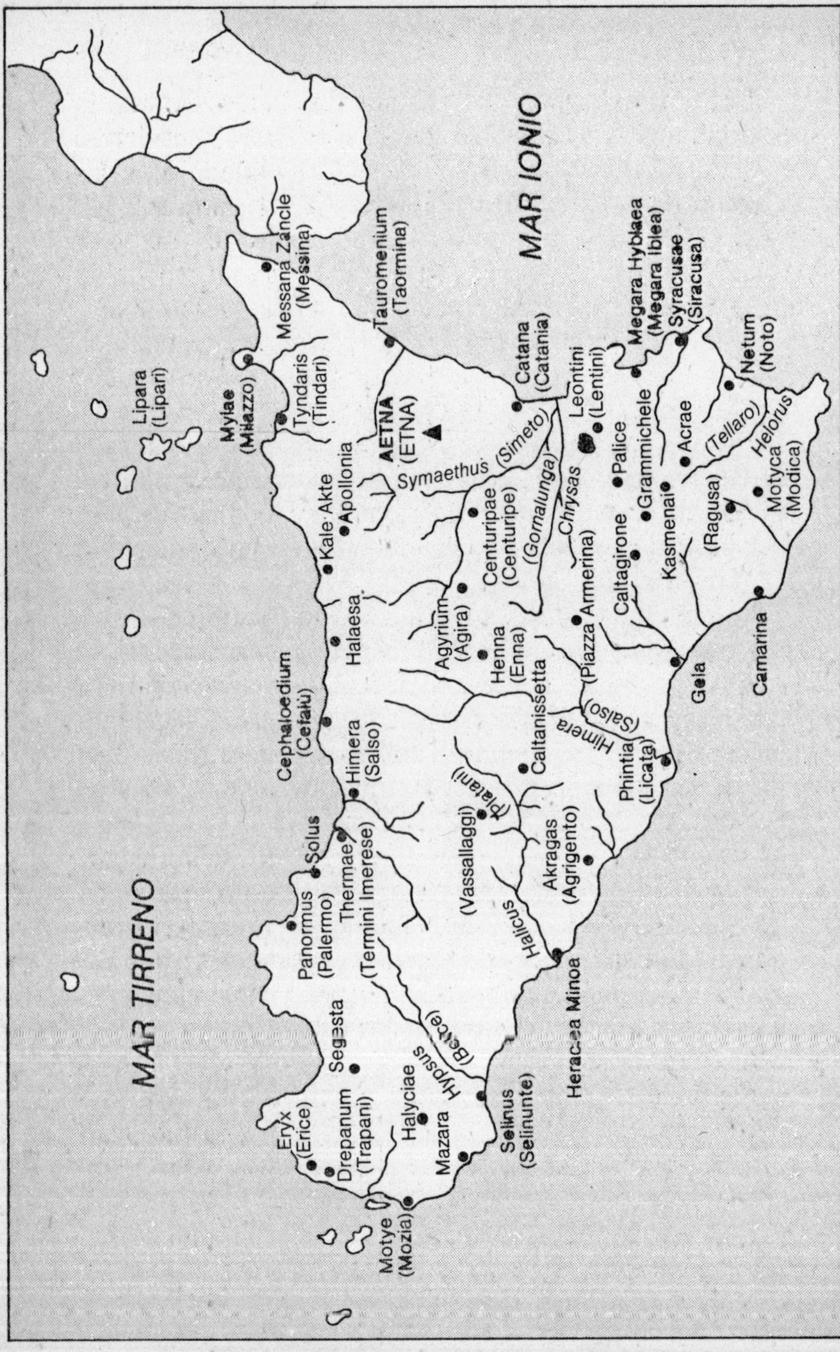

Fig. 5 - **La Sicilia antica.** Tra parentesi le città o località moderne.

soprattutto dal Tempio della Concordia, l'unico rimasto in piedi per intero: se però il visitatore si attarda a considerare i resti ammonticchiati del Tempio di Zeus Olimpico, capisce subito di trovarsi di fronte a una opera gigantesca: 110 metri per 55 sono in genere le dimensioni di un campo di calcio, quando rappresentano invece il perimetro di un tempio c'è di che far morire d'invidia lo stesso Partenone.

Agrigento era così ricca e accogliente da farsi definire da Pindaro «la bellissima tra le città mortali». Pare che anche i cimiteri fossero uno spettacolo: a parte le cappelle gentilizie, istoriate con bassorilievi che illustravano le gesta dei defunti, venivano eretti monumenti funebri perfino ai cavalli che avevano vinto alle Olimpiadi. Non manca neppure il mausoleo a un passerotto, unico compagno di giochi di una fanciulla aristocratica.[2]

Non credo che sia tanto azzardato affermare che Agrigento, in quanto ad acqua, se la passasse meglio allora che ai nostri giorni: sembra infatti che nel quinto secolo avanti Cristo disponesse di un acquedotto cittadino e di una piscina coperta dove convogliare tutte le acque superflue. Oggi invece, come è noto, sono sempre più frequenti, durante il periodo estivo, i turni e il razionamento.

Anche nel commercio gli agrigentini erano all'avanguardia: poco fuori le mura avevano costruito un gigantesco emporio, in pratica una fiera campionaria, dove periodicamente s'incontravano con i mercanti di tutto il Mediterraneo. Segno tangibile di questa leadership commerciale, le bellissime monete girgentine in oro e in argento con la scritta «Akragas» e i simboli della città: il granchio, l'aquila e la quadriga. Secondo Timeo «gli agrigentini vivevano voluttuosamente come se dovessero morire il giorno dopo e costruivano le loro case come se dovessero vivere in

[2] D. Scinà, *Vita e filosofia d'Empedocle girgentino*, Palermo 1813, p. 52.

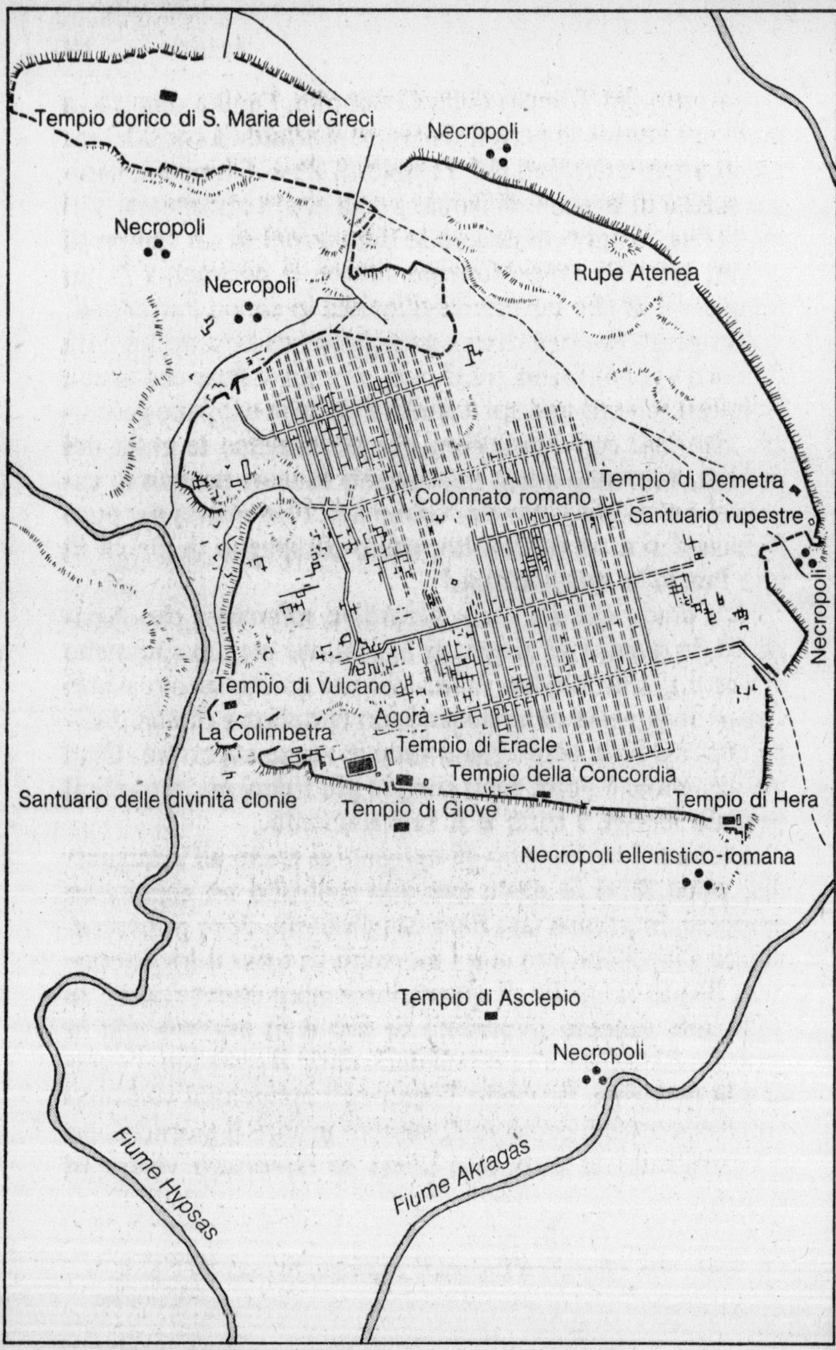

Fig. 6 - **Agrigento.**

eterno».[3] In effetti l'alto tenore di vita era una caratteristica comune a tutte le città della Sicilia: l'isola era considerata dai greci un'America ante litteram, un nuovo mondo cioè dove far quattrini in fretta e senza tanti problemi. Nei palazzi dei tiranni siciliani si respirava un'aria «rinascimentale». Domenico Scinà, un abate del primo Ottocento, racconta che «le due corti di Siracusa e Girgenti (Agrigento) gareggiavan tra loro in cortesia ed eleganza, premiavano i nobili ingegni e li eccitavano a ogni ottima e industriosa arte».[4]

Quando in un posto ci si diverte, spuntano sempre i censori a dirne peste e corna. Diodoro racconta che «la mollezza era giunta a tal punto che, durante l'assedio dei cartaginesi, venne promulgato un editto secondo il quale si vietava alle sentinelle di dormire con più di due guanciali»[5] e Timeo, che in quanto a pettegolezzi non era secondo a nessuno, ci regala la descrizione di un'orgia agrigentina del quinto secolo avanti Cristo: quella sera, dice lo storico taorminese, si era bevuto moltissimo e forse, aggiungo io, c'era stato anche un passaggio di droga, certo è che nel bel mezzo della festa gl'invitati ritennero di non trovarsi più all'interno di una villa, bensì a bordo di una nave in balia delle onde, per cui, presi dal panico, cominciarono a buttar giù dalle finestre tutto il mobilio e il vasellame della casa, nel disperato tentativo di alleggerire il carico e di restare a galla quanto più tempo possibile. Quando poi, finalmente, giunsero sul posto i tutori dell'ordine, Timeo racconta che questi ultimi furono scambiati per divinità marine e che tutti si buttarono ai loro piedi per implorarne il perdono.

[3] Diogene Laerzio, *Vite dei filosofi* VIII 63 (cfr. trad. it. cit., p. 408).
[4] D. Scinà, *op. cit.*, p. 28.
[5] Diodoro Siculo, XIII 84, 6.

Da quel giorno la casa in questione fu soprannominata «La Triremi».[6]

Agrigento ebbe il suo momento di massimo fulgore all'inizio del quinto secolo: prima con la dittatura di Terone e, subito dopo, con la democrazia.

Terone fu uno dei tre grandi tiranni siciliani che dominarono quel periodo: gli altri due, i fratelli Gelone e Gerone, rispettivamente di Siracusa e di Gela, erano in certo qual senso suoi parenti, avendone il primo sposato una figlia. Questi tre signori, di fronte alle minacce della vicina Cartagine e alle continue insurrezioni delle popolazioni sicule, ritennero opportuno formare un'efficiente alleanza militare. I cartaginesi furono sconfitti definitivamente nelle acque di Himera nel 480, proprio nello stesso anno in cui, a Salamina, i greci sbaragliavano la flotta persiana. Secondo Pindaro non si trattò di una coincidenza, ma di un preciso disegno del destino: *Zeus mit uns*, gli Dei si erano schierati dalla parte dei greci.[7]

Ai tre grandi però, come spesso accade, seguì una generazione di piccoli: i successori di Terone, Gelone e Gerone, non furono all'altezza dei genitori, un po' perché litigarono fra loro e un po' perché sottovalutarono le opposizioni democratiche. Trasideo, il figlio di Terone, scese in guerra contro i siracusani e andò incontro a un solenne *mazziatone*; rientrato in patria fu esiliato in Grecia e qui condannato a morte. Ormai ad Agrigento trionfava il partito democratico: furono epurati tutti i cittadini compromessi con il vecchio regime e venne ricucita l'alleanza con Siracusa.

È in questo clima di rinnovamento che Empedocle, appena ventenne, si affaccia sulla vita politica agrigentina.

6 Ateneo, *Deipnosofisti* II 37 B.
7 Pindaro *Pitica* I vv. 75-81.

XVI
Empedocle

Empedocle fu un filosofo, un medico, un poeta, un fisico e un democratico. Nossignore: fu uno stregone, un ciarlatano, un guru, uno che diceva di essere un Dio e che guardava tutti dall'alto in basso. Ma allora, chi fu veramente Empedocle? La definizione più giusta, a mio avviso, resta quella di Renan: «Uomo di multiforme ingegno, mezzo Newton e mezzo Cagliostro».[1]

Nacque ad Agrigento nel 492 a.C. da famiglia nobile e benestante. Come per tutti gli altri filosofi greci, la data di nascita vuole essere solo una notizia approssimativa. Il padre si chiamava Metone e il nonno aveva il suo stesso nome: Empedocle.[2] Fu appunto nonno Empedocle il primo in famiglia a coprirsi di gloria: allevatore di cavalli da corsa, vinse la settantunesima Olimpiade e per questo divenne famoso in tutto il mondo greco. Bisogna sapere che a quei tempi una vittoria alle Olimpiadi era considerata un evento eccezionale: i vincitori sedevano a mensa con i supremi magistrati e i loro nomi venivano trascritti nelle pubbliche tavole. Quando l'olimpionico Diagora vide entrambi i figli vincere anch'essi le Olimpiadi, fu invitato dai presenti a uccidersi sul posto: «Muori, o Diagora,» gli dissero

[1] E. Renan, *Vingt jours en Sicilie. Mélanges d'histoire et de voyages*, p. 103.
[2] Diogene Laerzio, *Vite dei filosofi* VIII 51 (cfr. trad. it. cit., p. 403).

«giacché più di questo nella vita non potrai ottenere!».[3] Empedocle senior, invece, più prudentemente si accontentò di festeggiare la vittoria offrendo agli agrigentini un bue impastato di miele e di farina.[4]

Empedocle non aveva ancora compiuto sedici anni quando gli capitò di ascoltare Senofane sotto i colonnati del Tempio di Eracle. Alla fine della lezione egli chiese al maestro se c'era qualche metodo per riconoscere gli uomini saggi e il vecchio rispose che non si trattava di una cosa molto difficile: bastava essere saggi.[5] Probabilmente il ragazzo non riuscì ad afferrare molto bene tutti i concetti espressi dall'ottantenne filosofo di Colofone, purtuttavia fu proprio in quella occasione che prese forma in lui il desiderio di dedicarsi allo studio della natura.

Dopo un breve quanto intenso periodo di militanza politica, durante il quale dette una mano a rovesciare il regime di Trasideo, il figlio di Terone, decise di partire per Elea. Forse sperava d'incontrare di nuovo Senofane e invece dovette vedersela con Parmenide e Zenone. Fu un fallimento: Empedocle era un giovanotto venuto fuori dalla contestazione agrigentina del '72, possiamo immaginarcelo quindi come un uomo d'azione, incline alla concretezza, curioso della natura. Parmenide, con il suo intellettualismo astratto dovette sembrargli totalmente fuori della realtà.[6] «Venutegli a fastidio quelle sottigliezze»,[7] ritornò in Sicilia e qui s'iscrisse alla scuola pitagorica. C'è chi dice che sia stato allievo di Telauge, il figlio di Pitagora, chi di Brontino e di Epicarmo, quello che è certo è che anche con

[3] Le testimonianze su Diagora sono raccolte e discusse in F. Jacoby, *Diagoras ho atheos*, in «Abhandlungen der deutschen Akademie der Wissenschaften», Berlin 1959.

[4] Diogene Laerzio, *Vite dei filosofi* VIII 53 (cfr. trad. it. cit., p. 404).

[5] Diogene Laerzio, *Vite dei filosofi* IX 20 (cfr. trad. it. cit., p. 430).

[6] E. Bignone, *Empedocle*, Torino 1916, p. 74.

[7] D. Scinà, *op. cit.*, p. 32.

i pitagorici ci furono dei problemi: costoro, come è noto, più che una scuola erano una setta politico-religiosa, ed Empedocle, con il suo carattere estroverso, tutto era tranne che uno scolaro ubbidiente. Accusato di essere troppo ciarliero fuori di scuola, più di quanto la regola pitagorica non potesse sopportare, fu retrocesso tra quelli che durante le lezioni non erano autorizzati a parlare. Poco male se si pensa che lo stesso trattamento sarebbe stato riservato, da lì a poco, anche a Platone.[8]

Tra gli argomenti trattati dalla scuola pitagorica, quelli preferiti da Empedocle erano la Magia e la Metempsicosi. Ciò nonostante, l'allievo ebbe il sospetto che i suoi maestri fossero alquanto restii a svelargli tutti i segreti del mestiere, motivo per cui decise di scavalcarli e di andare a frequentare le università dell'epoca, ovvero le scuole orientali. Gli egiziani, i caldei e soprattutto i Magi gli insegnarono le arti mistiche: l'ipnosi, la telecinesi e la lettura del pensiero. In seguito Plinio e altri storici trattarono Empedocle da ciarlatano, proprio a causa di queste sue pratiche esoteriche, ignorando volutamente che la magia a quei tempi era considerata una professione di tutto rispetto: gli uomini sentivano il bisogno di una mediazione con gli Dei e per questo si rivolgevano ai maghi, considerandoli una razza di Dei subalterni. Il culto di questi vice-Dei era chiamato Teurgia. Successivamente però dalla Caldea giunse una setta religiosa, i cui adepti, i goeti, professavano riti satanici: si riunivano nel buio delle caverne e praticavano sacrifici umani. La confusione sorta tra teurghi e goeti finì col danneggiare la reputazione dei maghi. Non dimentichiamo comunque che Empedocle era anche un ottimo medico, sempre nei limiti in cui lo si poteva essere a quell'epoca. Si dice, per esempio, che fosse un esperto di anatomia umana. La medicina, all'inizio del quinto secolo, veniva praticata da quasi tutti i

[8] Diogene Laerzio, *Vite dei filosofi* VIII 55 (cfr. trad. it. cit., p. 405).

filosofi ed era dominata dalla teologia. Si credeva che fosse possibile ottenere rapide guarigioni «riscaldando la fantasia dei malati».[9] Solo più tardi, con Ippocrate, diventerà una scienza a sé stante.

Tornato in patria, Empedocle si dedicò alla riforma dei costumi. Trovò i suoi concittadini alquanto peggiorati in quanto a morale pubblica e privata, e decise che essi dovessero «digiunare del male» per purgarsi di tutti i peccati commessi. Accusò gli amministratori della città di aver rubato al pubblico erario, attaccò[10] l'assemblea dei mille, ovvero il gruppo aristocratico che pian piano aveva ripreso le leve del potere, e propose un nuovo governo fondato sull'eguaglianza civile. L'entusiasmo popolare per queste sue iniziative crebbe a tal punto che gli fu proposto il titolo di tiranno. Ovviamente il filosofo rifiutò[11] (come già a suo tempo aveva fatto Eraclito), ma è lecito sospettare che se gli avessero proposto il titolo di Dio, forse avrebbe accettato.

Era solito incedere per le vie di Agrigento preceduto da uno stuolo di giovani, e circondato da servi e ammiratori. Indossava un vestito di porpora, una cintura d'oro e i calzari di bronzo. Aveva una folta barba e si cingeva il capo con una corona delfica in onore di Apollo.[12] Di se stesso diceva:

> «O amici, che la città sul biondo Agrigento abitate, lì sull'Acropoli, io vi saluto: io tra voi, Dio Immortale, non più mortale, m'aggiro onorato da tutti, com'è conveniente, di bende cinto e di fiorite corone. Quando giungo nelle città fiorenti, dagli uomini e dalle donne sono onorato; essi a migliaia mi seguono, per apprendere dove sia il sentiero che porta al guadagno, alcuni di un oracolo hanno bisogno, altri, afflitti da ogni sorta di morbi, vogliono sentire una salutare parola.»[13]

[9] D. Scinà, *op. cit.*, p. 86.
[10] Diogene Laerzio, *Vite dei filosofi* VIII 66 (cfr. trad. it. cit., p. 409).
[11] Diogene Laerzio, *Vite dei filosofi* VIII 63 (cfr. trad. it. cit., p. 408).
[12] E. Bignone, *op. cit.*, p. 4.
[13] Fr. 112 Diels-Kranz = fr. 100 Gallavotti (cfr. Empedocle, *Poema fisico e lustrale* a cura di C. Gallavotti, Verona 1975).

Questo autoritratto lo allontana nel tempo, e fa sì che, malgrado fosse un contemporaneo di Socrate e di Democrito, noi si finisca col considerarlo dell'epoca di Pitagora.

Empedocle era nello stesso tempo un tecnico e un profeta. Un giorno Selinunte venne colpita da una grande pestilenza e lui intuì che l'epidemia era da attribuirsi alle acque stagnanti di un fiumiciattolo che attraversava il centro abitato. Esaminato con cura il territorio circostante, fece scavare dei canali di deviazione e convogliò su quel fiume altri due corsi d'acqua vicini, in modo da garantire un deflusso regolare nei periodi di siccità: il tutto a sue spese.[14] È inutile aggiungere che, dopo questo intervento, fu onorato come un Dio anche dai selinuntini.

In un'altra occasione, nei pressi di Agrigento, fece sbarrare con centinaia di pelli d'asino una stretta gola montana e impedì allo scirocco di penetrare nella valle sottostante. Anche in questo caso il marchingegno fu messo a punto per contrastare il diffondersi di un'epidemia. Vero o falso che sia l'aneddoto, da quel giorno gli rimase appiccicato il soprannome di «trattenitore di venti».[15]

Definito da Aristotele «inventore di retorica»,[16] ebbe come allievi Gorgia e Pausania. Nei confronti di quest'ultimo non mancarono le solite accuse di «fidanzamento». A spettegolare in proposito furono Aristippo e Satiro,[17] noi però ci auguriamo che, giunti a questo punto della nostra storia della filosofia, il lettore si sia abituato alle relazioni omosessuali dei filosofi greci.

Empedocle sapeva essere amabile con gli amici, quanto inflessibile sulle questioni di principio: una volta, invitato a una festa, si meravigliò che il padrone di casa non offrisse

[14] Diogene Laerzio, *Vite dei filosofi* VIII 70 (cfr. trad. it. cit., p. 411).
[15] Plutarco, *La curiosità* 1, 515 C.
[16] Aristotele, fr. 65 Rose.
[17] Diogene Laerzio, *Vite dei filosofi* VIII 60 (cfr. trad. it. cit., p. 407).

da bere. Alla sua richiesta di un po' di vino, si sentì rispondere che le libagioni sarebbero iniziate solo dopo l'arrivo di un personaggio politico. E difatti, non appena costui arrivò, l'ospite brindò in suo onore e lo nominò simposiarco, ovvero re della festa. La cosa non piacque per nulla al filosofo, che il giorno dopo accusò in senato i due amici di aspirare alla tirannia e li fece condannare a morte.[18] Per una mezzoretta senza vino il verdetto ci sembra eccessivo.

Scrisse due poemi in esametri intitolati *La natura* e *Purificazioni*, opere di cui conserviamo 400 versi su 5000. Aristotele però asserisce che avrebbe scritto anche 43 tragedie, alcuni saggi politici, un racconto storico su Serse e un proemio in onore di Apollo, ma che un bel giorno, giudicando tutte queste opere non all'altezza del suo ingegno, abbia incaricato la sorella di farne un unico falò.[19] Tra i poeti filosofi, comunque, Empedocle resta sempre uno dei migliori. Sembra infine che sia stato bravo anche nel canto: una volta, mentre conversava col giudice Anchito, un giovanotto, stravolto dall'ira, irruppe nella sua casa e aggredì il magistrato per vendicarsi del fatto che, proprio quel giorno, costui aveva condannato a morte suo padre. Ebbene, con eccezionale intuito, Empedocle afferrò una cetra che aveva lì accanto e, come se niente fosse, si mise a cantare:

questo è un farmaco d'ira e di dolori
questo è l'unico oblio a tutti i mali.

Insomma, per farla breve, il giovane si calmò di colpo ed Empedocle riuscì a salvare la vita dell'amico. Quanto al giovane aggressore, pare che in seguito sia diventato uno

[18] Diogene Laerzio, *Vite dei filosofi* VIII 64 (cfr. trad. it. cit., p. 408).
[19] Aristotele, fr. 70 Rose.

dei suoi migliori discepoli.[20] Fra i molti miracoli attribuiti a Empedocle ne voglio riferire almeno uno, quello della donna in coma da trenta giorni, e lo farò citando l'abate Scinà: «Infermava una donna a Girgenti di una malattia uterina dai maestri di medicina chiamata *isterica*; non v'è dubbio che, in specie le donne, molte di esse sappiano fingere, eppure nel caso della girgentina pare che essa fosse autentica, giacché insensibile riusciva al tatto e giacché pareva che più non respirasse e morta veniva reputata da tutti. Allora Empedocle la prese per mano e le ridette la vita».[21]

Anche sulla morte del filosofo, abbiamo solo l'imbarazzo della scelta: esistono ben sei versioni della sua dipartita, e quasi tutte hanno un che di spettacolare. C'è chi parla di autostrangolamento (?) all'età di 60 anni,[22] chi di morte naturale durante un esilio nel Peloponneso[23] e chi, come Demetrio di Trezene, di suicidio per impiccagione a un ramo di corniolo.[24] Neante di Cizico afferma che morì a 77 anni cadendo da un carro mentre si avviava a una festa popolare a Messina,[25] e Telauge, in una lettera all'amico Filolao, che scivolò in mare per debolezza senile.[26] La versione più nota, più in sintonia col personaggio, resta comunque quella di Eraclide Pontico, secondo la quale, subito dopo aver resuscitato la donna agrigentina, si rese conto di aver raggiunto il massimo della popolarità e di non potere fare altro che cercare di sparire come se fosse stato un Dio. Ciò lo indusse a tuffarsi nel cratere dell'Etna. A

20 Giamblico, *Vita di Pitagora* 113.
21 D. Scinà, *op. cit.*, p. 89.
22 D. Scinà, *op. cit.*, p. 104.
23 Diogene Laerzio, *Vite dei filosofi* VIII 71 (cfr. trad. it. cit., p. 411).
24 Diogene Laerzio, *Vite dei filosofi* VIII 74 (cfr. trad. it. cit., p. 413).
25 Diogene Laerzio, *Vite dei filosofi* VIII 73 (cfr. trad. it. cit., p. 412).
26 Diogene Laerzio, *Vite dei filosofi* VIII 74 (cfr. trad. it. cit., p. 413).

testimonianza del gesto, il vulcano dopo qualche istante eruttò uno dei suoi famosi sandali di bronzo.[27] Peccato che, a infirmare questa versione, insorgano un po' il buonsenso, un po' la lontananza di Agrigento dall'Etna, e un po' la scarsa credibilità di Eraclide Pontico il quale, in un'altra occasione, asserì di aver parlato faccia a faccia con un uomo caduto dalla luna.[28]

Empedocle, come si è detto, oltre che un mago, fu anche uno scienziato, un filosofo e un poeta.

Come uomo di scienza, a Empedocle va riconosciuto il merito di aver scoperto l'esistenza dell'aria, di un qualcosa cioè di materiale, da noi chiamato genericamente «aria» e che non ha niente a che vedere con il vuoto. In un frammento del suo *La natura* il filosofo agrigentino dice che «se una fanciulla, giocando con un recipiente di rame, prima ottura con la bella mano l'apertura del vaso, poi immerge il tutto a testa in giù nel corpo leggero dell'acqua argentea, l'acqua non entra all'interno della coppa giacché la massa dell'aria la respinge».[29] Subito dopo scopre anche la forza centrifuga e nota che se leghiamo un secchio d'acqua a una fune e lo facciamo girare vorticosamente intorno a noi, l'acqua s'incolla sul fondo del secchio e non ce la fa più a cadere, e infine annuncia una rozza, quanto suggestiva, teoria dell'evoluzione anticipando di duemila e trecento anni il rivoluzionario Darwin.

Secondo questa teoria, le particelle degli elementi primordiali si combinarono tra loro senza nessun ordine prestabilito e i primi esseri viventi nacquero per caso.

[27] Eraclide Pontico, fr. 83 Wehrli.
[28] Eraclide Pontico, frr. 84, 115 Wehrli.
[29] Fr. 100 Diels-Kranz = 96, 2-26 Gallavotti.

«Spuntarono tempie senza collo, braccia nude erravan prive di spalla e occhi solitari vagavan senza fronti»,[30] da ogni parte si scorgevano «piedi striscianti con innumerevoli mani»[31] e «molti nacquero con due volti e due petti, e si videro stirpi bovine con volti umani e stirpi umane con volti bovini».[32] Insomma un mondo di mostri, le cui parti non erano state assemblate da una mente programmatrice, bensì dalla più caotica e assoluta casualità. Solo un Bosch o uno Jacovitti sarebbero stati capaci di disegnare un mondo del genere.

Con il passare del tempo, però, i miscugli peggio assortiti cominciarono a morire e restarono in vita solo quegli esemplari «le cui membra meglio di tutti s'accordavano».[33]

Come filosofo, Empedocle è uno che fa il riassunto delle puntate precedenti: risente della visione naturalistica della scuola di Mileto, condivide sul terreno mistico alcune credenze dei pitagorici e mette d'accordo, una volta per sempre, l'essere di Parmenide e il divenire di Eraclito.

Con i filosofi ionici ha in comune il tema preferito: la cosmogonia. In proposito ci lascia dei bellissimi versi:[34]

quattro son le radici delle cose:
Zeus splendente, Era avvivatrice,
Aidoneo e Nesti che di lacrime
distilla la sorgente immortale

il che, tradotto in parole povere, vuol dire che quattro sono gli elementi primordiali della natura e precisamente: il fuoco, l'aria, la terra e l'acqua. A mescolare tra loro le sostanze fondamentali, intervengono altri due principi,

30 Fr. 57 Diels-Kranz = 7, 1-3 Gallavotti.
31 Fr. 60 Diels-Kranz = 7, 12 Gallavotti.
32 Fr. 61 Diels-Kranz = 7, 8-11 Gallavotti.
33 Fr. 59 Diels-Kranz = 7, 5-7 Gallavotti.
34 Fr. 6 Diels-Kranz = 1, 53-5 Gallavotti.

questa volta attivi, che Empedocle chiama Amore e Discordia.

All'origine dei tempi, pare che l'unico a regnare fosse l'Amore, per cui le particelle elementari delle radici «più adatte a mescolarsi, si desideravano l'un l'altra».[35] Il mondo, in questa prima fase, viene definito da Empedocle «lo Sfero», forse in omaggio all'Essere Sferico di Parmenide. All'interno di esso non c'è che serenità e felicità, sennonché la Discordia, pian pianino, riesce a intrufolarsi in tutta questa perfezione e dà inizio alla seconda fase che, se ho ben capito, sarebbe poi quella dove ci troviamo noi in questo momento.

A sentire Empedocle, in futuro la Discordia dovrebbe prendere il sopravvento e disintegrare il mondo (accidenti: eccone un altro che ci viene a predire l'apocalisse atomica!), salvo poi, nella quarta fase, ad avere un ritorno dell'Amore.

Riassumendo: l'Amore e la Discordia sono due cuochi che hanno a disposizione soltanto quattro barattoli d'ingredienti per preparare i loro manicaretti. In cucina, cioè nello *Sfero*, succede di tutto: a volte regna l'Amore e in questi casi la felicità è assoluta, altre volte invece domina la Discordia e ogni cosa piomba in un silenzio di morte. Ci sono infine i periodi in cui sono presenti entrambi i cuochi e allora si finisce a torte in faccia: questi, a mio avviso, sono i momenti migliori o, quanto meno, i più divertenti.

A leggere con attenzione i frammenti de *La natura*, ci si rende conto che la teoria di Empedocle non è poi così semplice come sembra. C'è un punto, ad esempio, dove egli scrive: «Duplice cosa dirò: talvolta l'uno si accrebbe da molte cose, talvolta poi di nuovo ritornarono molte da un unico essere. Duplice è la genesi dei mortali e duplice la

[35] Fr. 22 Diels-Kranz = 4, 37-45 Gallavotti.

morte».[36] Quando pronunzia la parola Uno, Empedocle evidentemente si rifà a Parmenide, all'essere unico e immutabile, quando invece formula il concetto di molteplice, è Eraclito che rispunta fuori con il suo divenire. Ebbene, in Empedocle le quattro radici primordiali hanno l'immobilità dell'essere parmenideo e, pur essendo quattro, sostituiscono l'Uno a tutti gli effetti; il loro mescolarsi e separarsi, invece, ci dà una spiegazione del divenire e del molteplice. Ogni nascita è anche morte perché, se da una parte inaugura un insieme nuovo, dall'altra dissolve qualcosa che già esisteva in forma diversa. Sulla scorta di queste osservazioni, egli smitizza i concetti stessi di nascita e di morte e li sostituisce con immagini meno drammatiche quali «la mescolanza e la separazione di cose mescolate».[37]

La frantumazione dei quattro elementi in minuscole particelle da mescolare fra loro, preannunzia in qualche modo le teorie atomistiche di Leucippo e Democrito. A differenza di costoro, però, Empedocle non ammette l'esistenza del vuoto e per dimostrarlo dice che «da ciò che non è, non è possibile che nasca qualcosa che è».[38] Questa frase, che peraltro riscontriamo in tanti altri filosofi presocratici, rappresenta il fondamento dell'ateismo greco: essere convinti che nulla possa nascere dal nulla, significa in pratica negare l'idea stessa della creazione e concepire il mondo, o come un'entità eterna e immutabile (Parmenide), o come un universo in continua trasformazione (Eraclito), o come un insieme delle due teorie (Empedocle). In nessuno dei tre casi citati, però, è previsto l'intervento di un Ente Superiore, la scintilla divina che segna l'inizio dei tempi. I greci credevano negli Dei e sacrificavano in loro onore, questi Dei però, più che creatori del cielo e della terra, erano dei

[36] Fr. 17 Diels-Kranz = 4 Gallavotti.
[37] Fr. 8 Diels-Kranz = 2, 1-4 Gallavotti.
[38] Fr. 12 Diels-Kranz = 1, 47-49 Gallavotti.

Superman e dei Mazinga, esseri cioè superdotati rispetto ai comuni mortali, sebbene anch'essi soggetti ai voleri del Destino.

C'è un'incongruenza che è stata spesso rimproverata a Empedocle. In molti punti del suo *La natura*, il filosofo afferma che l'Amore unisce e che la Discordia separa, altre volte invece sostiene che l'Amore tende a riunire il simile al simile e che, quanto più c'è affinità tra due particelle di materia, tanto più grande sarà il loro amore reciproco. Se prendiamo, dice Empedocle, una pietra, un secchio di acqua e un po' di fumo, e li lasciamo liberi di andare dove vogliono, ci accorgiamo che la pietra verrà attratta dalla terra, che l'acqua cercherà di raggiungere il mare e che il fumo punterà diritto verso il cielo. Queste riflessioni però gli vengono subito contestate da Aristotele, che osserva: «Se uno segue la ragione, si rende conto che l'Amicizia è causa di bene, e che la Contesa è causa di male, se invece segue il balbettio di Empedocle, secondo il quale ogni cosa tenderebbe a raggiungere il proprio simile, sprofonderà in breve tempo in un mondo inabitabile dove ciascuno dei quattro elementi giace inerte e separato».[39] In altre parole, per Aristotele l'Amore è una forza positiva che non può, in nessun caso, essere imputata di un cataclisma così negativo come la separazione degli elementi primordiali.

In materia di religione, Empedocle è un pitagorico osservante: odia le fave, non mangia la carne degli animali e crede nella metempsicosi. Dichiara di essere già stato «fanciullo e fanciulla, arbusto, uccello e muto pesce che salta fuori dall'acqua».[40] Racconta che esistono dei demoni che «per delitti commessi in passato e per antico decreto degli Dei, suggellato da vasti giuramenti, hanno avuto in

[39] Aristotele, *Metafisica* I 4, 984b 32.
[40] Fr. 117 Diels-Kranz = 104 Gallavotti.

sorte una lunga vita. Costoro dovranno errare per tre volte diecimila stagioni, nascendo sotto ogni forma di creatura mortale e percorrendo i penosi sentieri della vita. L'impeto dell'etere li spingerà verso il mare, il mare li sputerà sulla terra, la terra li lancerà verso i raggi del sole splendente e da questo, a sua volta, nei vortici dell'etere, giacché ogni elemento li accoglierà da un altro e tutti insieme li odieranno. Anch'io, conclude il filosofo, sono tra questi: esiliato dall'Amore per aver dato troppa fiducia alla furente Discordia».[41]

Empedocle è il più poeta dei filosofi poeti del suo tempo. Anche ne *La natura*, che tutto sommato vuole essere solo un trattato di scienze naturali, ogniqualvolta deve parlare di un astro, di un fenomeno meteorologico o di una creatura umana, inventa splendide immagini che danno la misura del suo genio creativo.

Eccovi alcuni esempi: «Il sole che acuto saetta»,[42] «la luna dal chiaro occhio»,[43] «il mare, sudore della terra»,[44] «la notte solitaria e cieca».[45] E perfino quando tratta l'argomento del parto, ed è costretto a indicare il luogo dal quale il bambino si affaccia alla vita, ricorre alla suggestiva metafora: «Le fessure dei prati di Afrodite».[46]

[41] Ippolito, *Confutazione di tutte le eresie* VII 29.
[42] Fr. 40 Diels-Kranz = 51 Gallavotti.
[43] Fr. 42 Diels-Kranz = 58 Gallavotti.
[44] Fr. 55 Diels-Kranz = 42 Gallavotti.
[45] Fr. 49 Diels-Kranz = 60 Gallavotti.
[46] Fr. 66 Diels-Kranz = 65, 1 Gallavotti.

XVII
Gennaro Bellavista

L'intrusione del professor Bellavista,[1] pensionato ed ex insegnante di liceo, nella storia della filosofia greca è giustificata dal fatto che il suo pensiero si ricollega direttamente alla cosmogonia di Empedocle e all'etica di Epicuro. Ciò premesso, riteniamo opportuno trattare subito il primo argomento, quello della struttura dell'universo, e di riservarci in un secondo volume di descrivere la napoletanità, ovvero l'etica del popolo napoletano, nell'ambito della scuola epicurea.

Secondo Bellavista, l'*archè*, il mattone primigenio con il quale è stato costruito il mondo, è l'Energia. Ad agire su di essa provvedono due principi attivi che il professore chiama Amore e Libertà. A differenza dell'Amore e della Discordia, già descritti da Empedocle, queste due forze bellavistiane, pur essendo nemiche tra loro, risultano entrambe positive e, come tali, apportatrici di effetti vitali. Viene in tal modo a cadere la principale critica che Aristotele muoveva alle teorie di Empedocle e cioè quella sull'incoerenza di comportamento dell'Amore.

[1] A chi volesse approfondire la teoria dell'Amore e della Libertà, si consiglia la lettura di *Così parlò Bellavista*, cit.

L'Energia, sostiene Bellavista, può trovarsi in natura sotto due forme ben distinte tra loro, o come Materia, o come Esplosione, a seconda che a prevalere sui legami esistenti tra i protoni e i neutroni, interni all'atomo, sia l'Amore o la Libertà.

Ciò premesso, prima d'iniziare a esporre le teorie di Bellavista, riteniamo utile ricordare alcune brevi nozioni di astronomia. Nel lontano 1596 fu scoperta una stella che aveva uno stranissimo comportamento: in alcuni periodi dell'anno brillava in modo molto intenso e in altri periodi impallidiva fino a scomparire. Trattavasi di una stella della costellazione della Balena, distante dal nostro pianeta 163 anni luce. Fu tale lo stupore che destò questo fenomeno, che la stella fu battezzata Mira, ovvero «la Meravigliosa». Oggi di stelle come Mira Ceti se ne contano 4566 e vengono chiamate «cefeidi». Ognuna di esse ha un proprio ciclo di variabilità, durante il quale cambia di volume e, conseguentemente, di luminosità. Il ciclo di Mira, ad esempio, è di 331 giorni.

La variabilità delle cefeidi è legata alle continue contrazioni e dilatazioni a cui è sottoposta la massa gassosa del corpo stellare: quando questa massa si restringe la temperatura interna sale vertiginosamente fino a provocare un inizio di esplosione, mentre una progressiva dilatazione tende a raffreddare l'astro e a predisporlo per una successiva contrazione. In pratica la nostra stella è destinata a oscillare tra due posizioni limite: una di massima e una di minima concentrazione. A volte però gli equilibri si rompono e allora succede che l'astro in questione, o scoppia come una gigantesca bomba atomica, o si contrae sempre più fino a diventare un nucleo di inimmaginabile compattezza. Nel primo caso si ha il fenomeno della *nova* (o della *supernova* se abbiamo a che fare con una stella gigante) così chiamato a

causa dell'apparente nascita di una stella in un punto del cielo fino a quel momento ritenuto buio; nel secondo caso invece si crea il cosiddetto *buco nero*, ovvero un luogo dove la forza di gravità raggiunge valori così elevati da non consentire a niente, nemmeno alla luce, di allontanarsi.

Ebbene, Bellavista si chiede quali siano le forze che sollecitano la materia a espandersi o a contrarsi, e formula l'ipotesi che tutto l'universo sia sottoposto alle spinte centripete e centrifughe dell'Amore e della Libertà. In altre parole, i protoni e i neutroni sarebbero soggetti contemporaneamente, sia a una tremenda voglia di stare insieme, che a un forte desiderio di fuga verso l'esterno. Ora noi sappiamo che un qualsiasi oggetto, un portacenere ad esempio, altro non è che un agglomerato di miliardi e miliardi di atomi tutti pressati in un piccolo spazio; ebbene, ovemai fosse possibile spezzare i legami interni al nucleo, anche un modesto portacenere di poche migliaia di lire potrebbe liberare una tale quantità di energia da far morire d'invidia la bomba d'Hiroshima. L'energia dunque sonnecchia all'interno della materia, come se fosse in letargo, salvo poi a scatenarsi non appena trova qualcuno capace di svegliarla. Einstein, con la sua celebre formula $E=mc^2$, ha solo precisato che esiste una proporzionalità tra la massa «m» del portacenere e l'energia «E» che ne uscirebbe fuori.

L'ipotesi più accreditata sull'origine dell'universo è senza dubbio quella dell'abate Lemaître, meglio nota come «teoria del big bang». Pare che all'inizio dei tempi (espressione questa quanto mai discutibile!) l'intero cosmo fosse una palla supercompressa chiamata Ylem (da chi?), all'interno della quale la temperatura e il peso specifico raggiungevano valori pressoché infiniti. Ebbene, a sentire Lemaître, a un certo punto questa palla esplose e l'universo cominciò a espandersi. Attenzione però: quando diciamo

«esplose» non ci riferiamo allo scoppio di qualcosa che, partendo da un centro, via via si diffonde nello spazio, bensì a un improvviso allontanamento di ogni particella di materia da tutte le altre, quindi in pratica a un'esplosione contemporanea di tutti i punti dello spazio.

Al pari di Empedocle, Bellavista è convinto che all'origine dei tempi l'Amore sia stato il dominatore assoluto dell'universo e che la Libertà si sia aggirata per anni intorno a lui, sempre nella speranza di coglierlo di sorpresa e di rompere i vincoli della materia. Nel frattempo l'Ylem, sottoposto a queste due immense forze, non poteva far altro che pulsare come una qualsiasi stella variabile, finché un bel giorno non è scoppiato in ogni suo punto: la Libertà aveva fatto saltare le resistenze dell'Amore. Pare che la Gran Botta abbia avuto luogo 25 miliardi di anni fa e che l'esplosione sia tuttora in corso. Per rendersene conto, basta dare un'occhiata al firmamento attraverso uno spettroscopio: ci si accorge subito che tutte le galassie sono in fuga rispetto a un ipotetico centro. Gli astronomi, più correttamente, dicono che l'universo è in continua espansione.

Il conflitto Amore-Libertà, insito nella materia, è presente anche nell'animo umano. Ognuno di noi, dice Bellavista, è posseduto da due impulsi contrastanti: un grande bisogno d'Amore, che ci porta a desiderare la compagnia degli altri esseri umani, e un'irresistibile voglia di difendere la propria *privacy*. La situazione comunque è quanto mai instabile: alcune volte soffriamo la solitudine e altre volte ci sentiamo oppressi dall'invadenza del prossimo. Se, ad esempio, finiamo imbottigliati nel traffico, nasce in noi una forma di ostilità verso tutti gli altri automobilisti, se invece veleggiamo da molte ore in mare aperto, non appena un'altra imbarcazione compare all'orizzonte, eccoci pronti a salutare con affetto persone mai viste prima.

Bellavista definisce «uomini d'Amore» e «uomini di Libertà» quegli individui nei quali l'uno o l'altro impulso ha preso il sopravvento. Ne consegue un'analoga classificazione per i popoli: gl'inglesi, inventori del termine *privacy*, saranno ovviamente un popolo di Libertà e i napoletani *anema e core* non potranno evitare di essere considerati un popolo d'Amore.

L'originalità dello schema bellavistiano sta nel fatto che l'Amore e la Libertà, visti in un piano cartesiano, non sono due forze in opposizione, bensì ortogonali ed entrambe positive. Detto in altre parole, se disegnamo due assi cartesiani e chiamiamo Amore e Libertà rispettivamente l'ascissa e l'ordinata, per ogni punto P del piano, ovvero per ogni essere umano, è possibile determinare due segmenti che ci danno in proporzione la misura della sua voglia di amare e di essere libero.

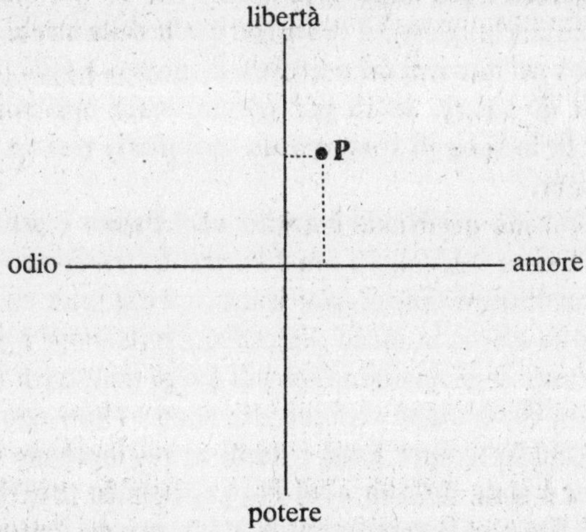

È molto importante conoscere la propria posizione nel piano cartesiano, dal momento che solo un'esatta valutazione delle tendenze personali consentirà all'individuo di operare le giuste scelte di vita. L'Uomo d'Amore, ad esempio, potrà essere felice solo a patto che ci sia qualcuno che lo ami, giacché l'Amore per lui è come l'acqua per le piante: una condizione indispensabile alla sopravvivenza. L'Uomo di Libertà, invece, considera lo spazio vitale un'entità sacra e non può raggiungere nemmeno i più bassi livelli di serenità se si sente minacciato dall'esterno. Libertà per lui vuol dire aria, orizzonti infiniti, bisogno di cambiare.

Osservando con maggiore attenzione gli assi cartesiani, ci accorgiamo che essi dividono il piano in quattro quadranti, ciascuno dei quali assume un significato particolare.

Il primo quadrante, anche detto «del Saggio», è il luogo dove s'incontrano i migliori, quelli cioè che nel proprio io coltivano simultaneamente gl'impulsi d'Amore e di Libertà. Tra questi, i più saggi sono coloro che in qualche modo equilibrano le spinte del cuore con quelle della mente. Essi si trovano nei dintorni del «sentiero di mezzo» e sono persone capaci di amare, senza per questo essere oppressive. Se avete la fortuna di trovarne un esemplare, non ve lo fate scappare.

Il secondo quadrante è quello «del Papa» e prevede la coabitazione dell'Amore con il Potere. Ci troviamo innanzitutto moltissime donne: tutte le mamme e le spose che donano il loro affetto in modo possessivo. Ovviamente è anche il quadrante degli uomini gelosi e di quegli industriali vecchio stampo, che trattano «col cuore in mano» i loro operai, pur mantenendo sempre bassi i livelli di retribuzione. Questo settore è stato definito «del Papa», essendo proprie della Curia Romana le prerogative dell'Amore e del Potere. Malgrado ciò, non è che tutti i Papi della storia si trovino nel

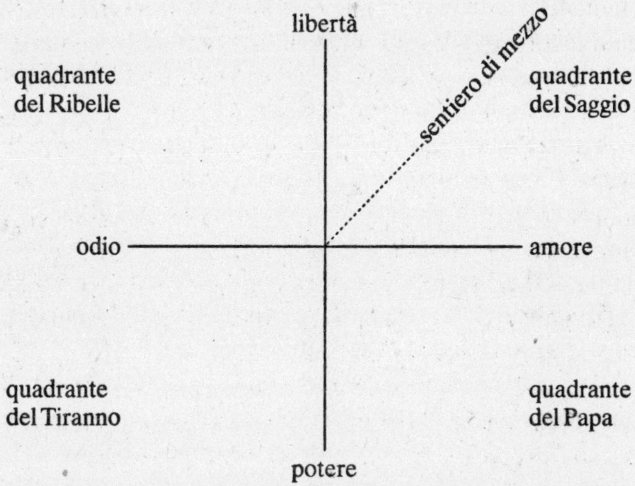

quadrante. Eventualmente, dice Bellavista, potremmo trovarci Papa Wojtyla, non certo Giovanni XXIII il cui posto è fissato tra i saggi (più vicino all'Amore, sia chiaro, che non alla Libertà). Ci sono infine i Papi scomodi: gli Alessandro VI e i Bonifacio VIII. Tutta gente senza scrupoli e di grosso potere, che Bellavista non esita a relegare nel quadrante successivo, anche definito come quadrante «del Tiranno». In questa zona, Odio e Potere delimitano il recinto dei peggiori. A rappresentare la categoria nel suo punto intermedio possiamo scegliere tra Hitler, Stalin o Caligola: uno vale l'altro. Sicuramente non il Diavolo che, in quanto titolare dell'Odio, occupa di diritto l'estrema punta del semiasse di sua competenza, e nemmeno Mussolini che, come fondatore del Fascismo, aspirerebbe a un buon piazzamento nei dintorni del Potere.

L'ultimo quadrante, anche detto «del Ribelle», è forse il più anomalo grazie al miscuglio di due impulsi apparente-

mente antitetici come l'Odio e la Libertà. In effetti, se ci mettiamo nei panni degli afghani o dei *feddayn*, ci rendiamo subito conto di come l'Odio e la Libertà possano convivere in un'unica miscela esplosiva. Dove c'è dittatura c'è anche voglia di Libertà, e quindi Odio e desiderio di rivolta. Il quarto quadrante, percorso da un estremo all'altro, offre tutta la gamma dei rivoluzionari: dal brigatista rosso o nero all'anarchico idealista che sogna un paese libero e felice. Bellavista, ogniqualvolta incontra un corteo di estremisti, cerca sempre di scorgere sui volti dei partecipanti i segni dell'una o dell'altra emozione.

Prima di chiudere la teoria, vogliamo precisare che il punto rappresentativo di ogni individuo non è immobile nel tempo, bensì si sposta di continuo a seconda delle vicende della sua vita: un improvviso abbandono da parte della persona amata, un'ingiustizia patita, un amico che decide di essere nostro ospite per più di due settimane, possono far compiere al punto P notevoli escursioni verso altri settori. Ciononostante, esiste sempre una zona, sufficientemente limitata, che, proprio perché battuta più spesso dai nostri stati d'animo, finisce con l'identificarci.

È bene chiarire infine che lo schema bellavistiano vuole essere solo un tentativo geometrico per avvicinarsi a un'analisi di comportamento. Ovviamente la psiche umana non può essere ridotta a soli due impulsi, seppure dominanti, come l'Amore e la Libertà; purtuttavia, in una rappresentazione concettuale, e non grafica, dell'animo umano, il metodo di Bellavista resterebbe ancora valido se da uno spazio a due dimensioni volessimo passare a uno spazio a *n* dimensioni, dove *n* sono le variabili che influenzano il nostro carattere. In questo caso l'invidia, l'agonismo, l'eros, la gola, e chi più ne ha più ne metta, avrebbero ciascuno il proprio asse di riferimento e tutti insieme

contribuirebbero a determinare la posizione del punto nello spazio.

Con un ulteriore guizzo, e partendo proprio da quest'immagine dello spazio a *n* dimensioni, Bellavista tenta una descrizione geometrica di Dio. Se a Dio attribuiamo il massimo di ogni capacità umana (onnipotenza, onniscienza e così via), il luogo che lo rappresenta sarà costituito dall'insieme dei punti impropri di tutti gli assi del sistema, ovvero da quello che la geometria descrittiva definisce un «piano improprio». Detto in parole più semplici, ogni retta ha un suo punto all'infinito, chiamato punto improprio. L'insieme di tutti questi punti forma un piano improprio che poi, a guardarlo bene, più che a un piano rassomiglia a una sfera con raggio infinito. E a voler essere ancora più precisi, l'immagine descritta prima non è nemmeno una sfera dal momento che ci troviamo in uno spazio a *n* dimensioni.

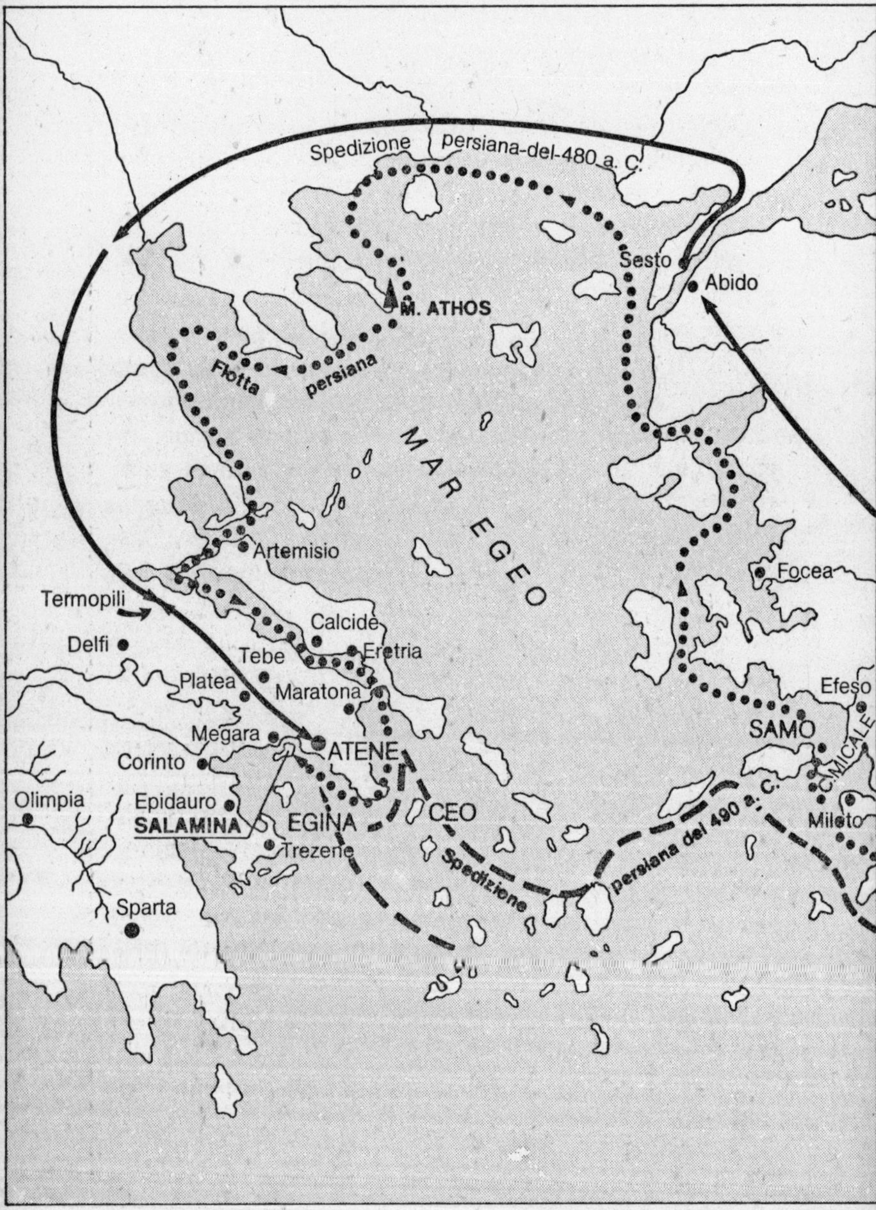

Fig. 7 - **Le guerre greco-persiane.**

XVIII

Atene nel quinto secolo

Alt con la filosofia e passiamo alla storia. A volte l'umanità è davvero sorprendente: magari passa un millennio e non succede nulla, e poi all'improvviso, in meno di un secolo e in poco più di due chilometri quadrati, accade di tutto! Stiamo parlando, se non lo si è ancora capito, di Atene e del quinto secolo avanti Cristo.

Solo a buttar giù, alla rinfusa, i nomi di quel periodo c'è di che rimanere senza fiato. Tra quelli nati sul posto, gl'immigrati e gli studiosi di passaggio, ecco una prima lista di personaggi: Anassagora, Gorgia, Protagora, Parmenide, Zenone, Melisso, Democrito, Archelao, Socrate, Platone, Ippia, Prodico, Isocrate e Antifonte tra i filosofi; Eschilo, Sofocle ed Euripide tra i tragici; Aristofane tra i commediografi; Ippocrate tra i medici; Mirone, Fidia, Prassitele, Zeusi, Ictino, Ippodamo, Callicrate, Mnesicle, Alcmene, Cresila e Policleto tra gli artisti; Erodoto, Tucidide e Senofonte tra gli storici; Iperide, Trasimaco e Lisia tra gli oratori, e, per finire, Temistocle, Milziade, Cimone, Pericle, Aristide e Alcibiade tra i politici. Dice Bertrand Russell: «In quell'età era possibile come in poche altre, essere insieme intelligenti e felici».[1]

Il quinto secolo comincia con una rivolta: quella degli ioni contro i persiani. A capeggiarla fu un certo Aristago-

[1] B. Russell, *op. cit.*, vol. I, p. 77.

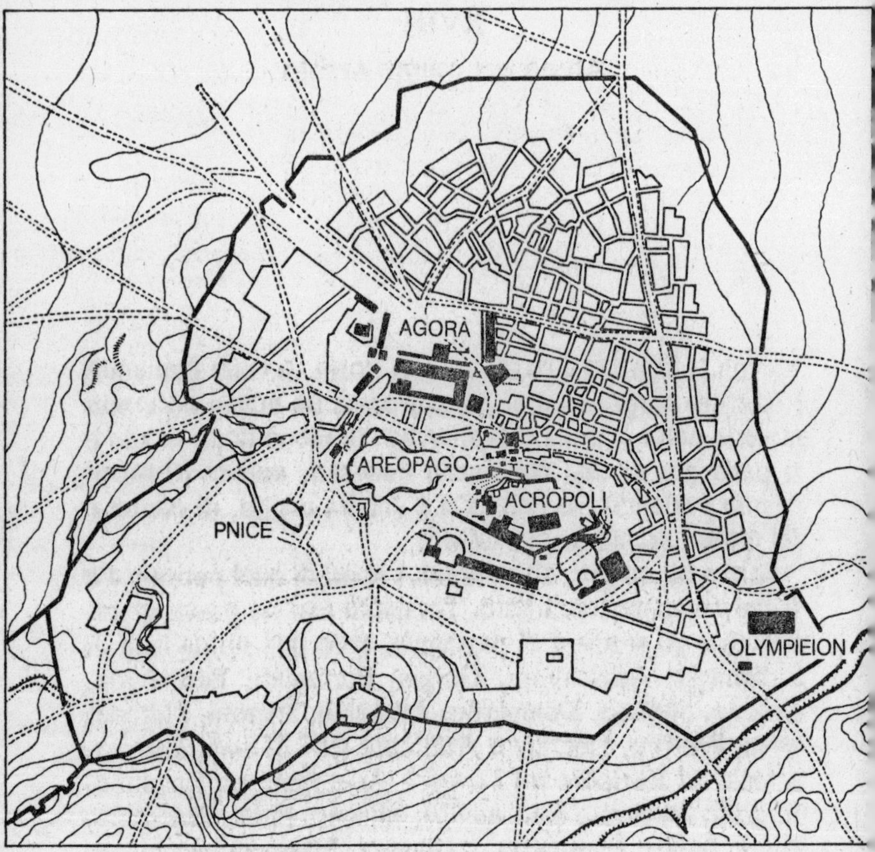

Fig. 8 - Atene: pianta del V secolo a.C.

ra,[2] governatore di Mileto. Di questo evento che segna l'inizio delle guerre persiane, l'aneddoto più strano è quello d'Istico, l'ideatore del piano eversivo. Quando costui decise di dare il via all'operazione, per avvisare i complici sul giorno e sull'ora della sommossa, fece rapare a zero uno schiavo sordomuto, gli tatuò sul cranio il messaggio, attese che gli fossero ricresciuti i capelli e lo inviò a Mileto, sicuro che l'ordine non sarebbe stato intercettato anche se avessero perquisito il corriere.[3]

In pratica si sollevarono tutte le popolazioni della fascia costiera. Dovunque le truppe persiane di occupazione furono annientate. Nonostante il successo, però, i rivoltosi erano un po' preoccupati: prima o poi Dario sarebbe tornato, e questa volta con un esercito ancora più numeroso di quello che a suo tempo aveva conquistato la Ionia. Fu per questo che nell'autunno del 499 Aristagora, il governatore di Mileto, sbarcò nella Grecia continentale e cercò di convincere le città più importanti a formare una grande alleanza tra tutti i greci che abitavano al di là e al di qua del mare Egeo. Sparta non ne volle sapere: i persiani erano un popolo troppo lontano perché loro si potessero sentire coinvolti. Tebe odiava solo Atene e, se non altro per questo motivo, non avrebbe mai fatto parte di una coalizione. Insomma per i greci era più stimolante litigare tra vicini che non ipotizzare un'invasione dall'esterno. Aristagora riuscì a rimediare solo l'aiuto di Eretria e di Atene che, di comune accordo, inviarono a Mileto una flotta di venti navi. Questo gesto di solidarietà, per dirla con Erodoto, fu l'*archè kakòn*, l'inizio dei guai, sia per il mondo greco che per quello persiano.[4]

Ioni e ateniesi, una volta scesi sul sentiero di guerra, invece di starsene quieti quieti dietro le mura di Mileto ad

[2] Erodoto, *Storie* V 30 (trad. it. cit., vol. II, pp. 84-5).
[3] Erodoto, *Storie* V 35 (trad. it. cit., vol. II, p. 28).
[4] Erodoto, *Storie* V 97 (trad. it. cit., vol. II, p. 65).

aspettare i persiani, pensarono bene di attaccare per primi e si avventurarono all'interno dell'Anatolia. La prima città a farne le spese fu Sardi. Erodoto racconta[5] che durante l'occupazione un soldato dette fuoco a una casa e che nel breve spazio di una notte tutta la città venne divorata dalle fiamme, templi compresi.

Dario, il re dei persiani, quando seppe di questa impresa montò su tutte le furie:

«Chi è che ha distrutto Sardi?»

«Gli ioni e gli ateniesi.»

«Gli ioni e chi?» chiese ancora Dario che fino a quel momento non li aveva mai sentiti nominare.

«Gli ateniesi.»

Il re dei re prese un arco e scagliò una freccia in cielo.

«Che Zeus stramaledica gli ateniesi!»

Dopo di che ordinò a uno schiavo di ripetergli, ogni qual volta si metteva a tavola, la seguente frase: «Signore, ricordati degli ateniesi!».[6] E fu con questo promemoria nelle orecchie, pronunciato tre volte al giorno prima dei pasti, che il buon Dario nel 490 comandò l'invasione della Grecia.

Un'enorme flotta di 600 navi, stracariche di soldati e di cavalli, salpò da Samo e attraversò l'Egeo. Eretria fu assediata e distrutta. I templi bruciati per lavare l'offesa patita da Sardi. Atene chiese aiuto agli spartani ma questi si scusarono dicendo che purtroppo in quei giorni c'era la luna piena e che la legge proibiva loro di combattere durante i pleniluni: dopo il nove volentieri, per il momento niente da fare.[7] Gli unici a dare una mano furono i plateesi e per questo, da quel giorno, furono ricordati ad Atene in ogni ricorrenza.

5 Erodoto, *Storie* V 101 (trad. it. cit., vol. II, pp. 67-8).
6 Erodoto, *Storie* V 105 (trad. it. cit., vol. II, p. 70).
7 Erodoto, *Storie* VI 111 (trad. it. cit., vol. II, pp. 138-39).

Lo scontro avvenne nella piana di Maratona (490). Milziade, estratto a sorte come capo degli strateghi, schierò le forze più valide sulle ali e alleggerì volutamente il centro dello schieramento. Fu appunto in questa zona che i persiani penetrarono per essere subito dopo accerchiati e sopraffatti. Secondo Erodoto[8] morirono 6400 barbari e 192 ateniesi. In merito a queste cifre, noi riteniamo che lo storico greco abbia detto una palla: probabilmente l'attaccamento per i propri colori dovette prendergli la mano. Dopo il plenilunio, arrivarono pure gli spartani. La battaglia però a quel punto era già terminata e i forti guerrieri lacedemoni non poterono far altro che guardare i cadaveri dei persiani per vedere «com'erano fatti».[9]

Presi dall'euforia della vittoria, gli ateniesi considerarono il pericolo asiatico un problema risolto. Non così il furbo Temistocle: l'arconte di Atene si dette subito da fare e imbastì una grande alleanza ellenica. Ciascuna città greca fu obbligata a contribuire alla sicurezza comune con navi o con denaro, e, avendo la maggioranza optato per i soldi, Atene ne approfittò per diventare la più forte di tutte sul piano militare.

Nel frattempo Dario, salute a noi, era morto e sul trono dell'impero persiano era salito il figlio Serse. Dopo molti tentennamenti, anche Serse si decise per il gran passo. Non volendo però correre i rischi del padre, fece le cose alla grande: un esercito mai visto prima a memoria d'uomo partì alle volte della Grecia. Si parla di 1.700.000 soldati e 80.000 cavalieri.[10] Erodoto dice che quando le truppe si fermavano per abbeverarsi, i corsi d'acqua venivano prosciugati.[11]

L'attacco fu duplice: via terra, passando per la Tracia, la

[8] Erodoto, *Storie* VI 117 (trad. it. cit., vol. II, p. 141).
[9] Erodoto, *Storie* VI 120 (trad. it. cit., vol. II, pp. 143-44).
[10] Erodoto, *Storie* VII 60-87 (trad. it. cit., vol. II, pp. 192-200).
[11] Erodoto, *Storie* VII 21 (trad. it. cit., vol. II, p. 174).

Macedonia e la Tessaglia, e via mare con una flotta di 1200 navi. Il primo problema per le forze di terra fu quello di attraversare lo stretto dei Dardanelli. Avendo un'improvvisa tempesta distrutto il ponte di legno costruito dai genieri egizi, Serse comandò che le acque dell'Ellesponto fossero punite con 300 sferzate,[12] e dopo aver detto «onda amara, tu non sei uno stretto ma un fiume torbido e salmastro», fece accostare, fianco a fianco, 300 navi ed entrò in Europa con tutte le truppe. Il passaggio durò sette giorni e sette notti senza alcuna interruzione. C'erano tutti i popoli dell'impero e precisamente: medi, cissi, ircani, assiri, caldei, battriani, saci, sciti, indi, ari, parti, corasmi, sogdiani, gandari, dadici, caspi, sarangi, patti, uti, mici, paricani, arabi, etiopi, libici, egizi, paflagoni, liguri, matiani, mariandini, siri, cappadoci, frigi, armeni, lidi, misi, traci, pisidi, cabali, mili, moschi, tibareni, macroni, mossineci, mari, colchi, alarodi e saspiri.[13] Abbiamo di proposito copiato l'elenco fornito da Erodoto, proprio per sottolineare quale pericolo abbia corso l'Occidente nel 480 a.C. Le battaglie, tra le più importanti della storia, furono tre: Termopili, Salamina e Platea. Nella prima, 4000 greci, tra cui 300 spartani agli ordini di Leonida, contrastarono il passo all'esercito persiano sulla porta d'ingresso della Grecia. Quando dissero a Dienece, uno degli spartani, che i barbari erano così numerosi che le loro frecce avrebbero oscurato il sole, il soldato rispose: «Tanto meglio, vuol dire che combatteremo all'ombra».[14] Morirono tutti, tranne uno che si suicidò per la vergogna di essere sopravvissuto. Atene fu invasa e semidistrutta. Gli ateniesi si rifugiarono sulle navi.

[12] Erodoto, *Storie* VII 35 (trad. it. cit., vol. II, p. 180).

[13] Erodoto nel libro VII delle *Storie* (61-79) elenca tutti i popoli che parteciparono alla spedizione di Serse, descrivendo in dettaglio il modo di vestire di ciascuno e gli armamenti (cfr. trad. it. cit., vol. II, pp. 109-20).

[14] Erodoto, *Storie* VII 226 (trad. it. cit., vol. II, p. 268).

La seconda fu una battaglia navale. Essendo mille le navi persiane[15] e solo 380 quelle greche,[16] gli ateniesi furono obbligati ad attirare i barbari in uno stretto braccio di mare posto tra l'isola di Salamina e la terraferma, e questo per concedere poco spazio di manovra alla flotta nemica. Serse, che concepiva le battaglie come uno spettacolo privato, se ne andò con tutto lo stato maggiore in cima a una collina. «Lì aveva fatto sistemare un trono d'oro e s'era circondato di un folto stuolo di segretari che avevano il compito di annotare i vari episodi della battaglia.»[17] I persiani furono sconfitti in modo clamoroso.

La terza battaglia fu quella di Platea (479). Era già passato un anno dall'invasione persiana. Gli alleati greci, guidati dallo spartano Pausania, sconfissero il pittoresco, anche se sterminato, esercito dei barbari e questa volta in modo definitivo. Atene e Sparta da quel momento sarebbero state considerate le più forti potenze militari dell'epoca: avrebbero disputato la finale cinquanta anni più tardi durante la guerra del Peloponneso.

Spesso i conflitti, con la loro drammatica essenzialità, imprimono forti accelerazioni ai processi di maturazione dei popoli e, nel nostro caso, le guerre greco-persiane non furono da meno. Negli anni che seguirono la battaglia di Platea, la città di Atene conobbe un periodo così fecondo d'idee e di benessere da passare alla Storia come la «mitica età di Pericle». A gettare le basi di questa fioritura furono Temistocle e il suo pallino della Lega Ellenica. Più di 400 città greche decisero di riunirsi sotto la chioccia ateniese e

[15] Il numero è confermato da Eschilo che nei *Persiani* (vv. 341-43) dice:

Serse, io lo so, conduceva una flotta
di mille navi, e duecentosette erano
velocissime. Questo è il conto esatto.

(Cfr. trad. it. in *Il teatro greco*, Sansoni 1970, p. 10.)

[16] Secondo Plutarco erano 180 (*Temistocle* 14; cfr. trad. it. cit., vol. I, p. 291).

[17] Plutarco, *Temistocle* 13 (trad. it. cit., pp. 290-1).

dettero origine a una specie di ONU con sede nell'isola di Delo. Ogni *pólis*, pur conservando la propria indipendenza politica, avrebbe pagato una tangente per sentirsi protetta.

In un secondo tempo Pericle decise che era molto più sicuro per tutti trasferire la cassa ad Atene e da quel momento fu lui a decidere come e quando si sarebbero impiegati i fondi della Lega. Con questa operazione l'abile uomo politico ricavò il necessario, sia per potenziare la flotta ateniese che per ricostruire gli edifici pubblici distrutti dai persiani. Ovviamente Sparta non volle aderire al patto: in primo luogo perché si riteneva autosufficiente dal punto di vista militare e poi perché, come tutte le nazioni sottoposte a regimi duri (vedi oggi l'Unione Sovietica), non poteva impunemente aprire le porte alle idee democratiche e innovatrici che proliferavano nella vicina Atene.

La Grecia è sempre stata criticata per non essere riuscita, in quel periodo, a diventare un'unica nazione, forte e invincibile. Vuoi per colpa della rivalità Atene-Sparta, vuoi per lo scarso sentimento ellenico della «traditrice Tebe», i greci non ce la fecero mai a mettere su uno stato unitario come Iddio comanda. Ciononostante la frantumazione in tante *póleis*, ciascuna con il suo carattere, ha dato all'umanità molto di più di quanto non avrebbe potuto dare un'ennesima potenza imperiale. In proposito riteniamo centrata una riflessione di Grytzko Mascioni: «...io sono imprudentemente incline a credere che i greci, nelle loro *póleis*, abbiano disegnato per sempre una dimensione sociale che forse è la sola veramente vivibile per l'uomo. Nessuna vera e civile comunità è davvero ipotizzabile, quando si superano i limiti di una reale, anche se teorica, possibilità di conoscere o incontrarne, a tu per tu, una volta o l'altra, tutti i membri: e questo, nella *pólis*, si poteva fare».[18]

[18] Grytzko Mascioni, *Lo specchio greco*, Torino 1980, p. 245.

Pericle era un aristocratico, figlio di un ammiraglio. Malgrado ciò, per salire al potere si schierò, fin dall'inizio, con il partito democratico. A quell'epoca aver combattuto a Salamina o a Platea equivaleva a essere eroi della Resistenza, e siccome il *demos*, cioè il popolo, era costituito in gran parte di ex combattenti, la scelta democratica non poteva che portarlo alla vittoria.

Pur essendo gradevole di viso, aveva, come si dice a Napoli, *'a capa a cucuzziello*. L'inconveniente gli valse il soprannome di *schinocefalo*, ovvero «testa di cipolla».[19] Gli artisti furono costretti a ritrarlo sempre con l'elmo e i biografi avanzarono l'ipotesi che quella protuberanza fosse dovuta a un sovrappiù di cervello.

Ebbe come maestro e guida spirituale Anassagora. Da lui apprese: «La scienza delle cose celesti, le speculazioni elevate, un modo di esprimersi sublime, immune da scurrilità bassa e plebea, la fermezza dei lineamenti, mai allentati dal sorriso, la grazia del portamento, un modo di panneggiare la veste, che non si scomponeva per quanto potesse muoversi parlando, una tonalità di voce inalterabile e altri simili atteggiamenti che riempivano di stupore chiunque l'avvicinava».[20] Una volta ascoltò imperturbabile per un'intera giornata un uomo che lo copriva d'ingiurie, e quando, fattosi sera, fu costretto a tornare a casa, ordinò a uno schiavo di seguirli con un lume per dar modo al seccatore di terminare il suo sproloquio.

Pericle fu un grande oratore: mentre nei dibattiti politici era calmo e misurato, quando si trattava di arringare le masse «tuonava, lampeggiava e portava nella lingua un fulmine tremendo».[21] Grazie a Zenone, suo maestro di retorica, fu anche un formidabile dialettico. Un giorno il re

[19] Plutarco, *Vita di Pericle* 3 (trad. it. cit., vol. I, pp. 547-48).
[20] Plutarco, *Vita di Pericle* 5 (trad. it. cit., vol. I, pp. 549-50).
[21] Plutarco, *Vita di Pericle* 8 (trad. it. cit., vol. I, pp. 553-55).

di Sparta, Archidamo, chiese a Tucidide chi, fra lui e Pericle, fosse più bravo nella lotta, e Tucidide rispose: «Ogni volta che riesco a gettarlo a terra lottando, lui contesta di essere caduto, si fa aggiudicare la vittoria e convince perfino coloro che l'hanno visto cadere».[22]

L'abilità di Pericle nel gestire la cosa pubblica è comunque fuori discussione. Capì, ad esempio, un fatto fondamentale: la necessità di retribuire tutti quelli che lavoravano per il bene comune. Introdusse la paga per i soldati, per gli amministratori e perfino per i magistrati. Incrementò gli spettacoli popolari, organizzando banchetti all'aperto, processioni e festival di canzoni, insomma curò l'«effimero». Tra l'altro rimborsava, a spese dello stato, il biglietto d'ingresso ai più poveri. Per quanto riguarda poi l'arte, dette origine a uno dei periodi più fecondi della storia dell'umanità. Con il denaro della Lega e con le sovvenzioni dei cittadini più ricchi, costruì decine e decine di edifici sacri, attraendo a sé il meglio degli artisti dell'epoca. In quarant'anni trasformò Atene in un unico e immenso cantiere. Ogni architetto, ogni scultore, era un vero e proprio imprenditore che, come nelle botteghe rinascimentali, aveva dietro di sé una schiera di allievi. Furono adoperati i materiali più disparati: il marmo, il bronzo, l'avorio, l'oro, l'ebano e il cipresso. Quando alcuni notabili ateniesi protestarono per il troppo dispendio di denaro, Pericle rispose: «D'accordo, vuol dire che da oggi in poi costruirò a mie spese. Sia chiaro però che ogni edificio porterà sul frontone il mio nome».[23] Riebbe subito i soldi e il consenso.

A Pericle va riconosciuto anche un mutamento d'opinione nei confronti degli artisti. Sembrerà strano ma gli antichi greci non avevano molta considerazione per chi dedicava la

[22] Plutarco, *Vita di Pericle* 8 (trad. it. cit., vol. I, pp. 553-55).
[23] Plutarco, *Vita di Pericle* 14 (trad. it. cit., vol. I, p. 564).

propria vita alla scultura e alla pittura: in pratica veniva disprezzato chiunque, per vivere, fosse costretto a lavorare con le mani. I *banausi*, ovvero i manovali, erano quasi sempre schiavi o meteci, in quanto l'ideale ellenico di vita era contrario a qualsiasi attività lucrativa e s'identificava nella «pienezza d'ozio».[24] In linea con questi principi, avevo uno zio che era solito esclamare: «Modestamente, non ho mai lavorato!», e sia chiaro che, così dicendo, non aveva alcuna intenzione di fare dello spirito. Secondo Aristotele, la *banausia* era l'opposto della *paideia*, cioè dell'educazione, e competeva ai poveri così come l'istruzione e la nobiltà d'animo erano qualità riservate ai ricchi.[25] Plutarco racconta che in Grecia nessun giovane perbene, pur ammirando lo Zeus di Pisa e l'Era di Argo, avrebbe mai desiderato essere Fidia o Policleto, giacché «i greci apprezzavano i profumi e le tinte, ma consideravano i profumieri e i tintori ignobili operai».[26] Si dice infine che Filippo il Macedone, avendo sentito il proprio figlio Alessandro suonare il liuto con eccezionale maestria, abbia detto: «Non ti vergogni di suonare così bene!». In altre parole, secondo Filippo, la bravura artistica tradiva lunghe ore di studio e di faticosa applicazione allo strumento.

In contrasto con questo modo di valutare gli artisti, Pericle amò circondarsi di grandi maestri e, in particolare, nominò Fidia suo consigliere nelle arti plastiche. I maligni dicono che la consulenza non si sia limitata solo alle statue, ma abbia sconfinato anche nella zona modelle. Lo scultore infatti fu accusato di combinare incontri intimi, nel proprio studio, tra l'uomo politico e alcune signore della buona società. Pericle, diciamo le cose come stanno, era un tantino puttaniere: pare che fin da quando prestava servizio

[24] J. Burckhardt, *op. cit.*, vol. II, p. 329.
[25] Aristotele, *Politica* VI 1, 1317b, 37-41.
[26] Plutarco, *Vita di Pericle* 1 (trad. it. cit., vol. I, p. 546).

nell'esercito, abbia messo le corna al suo comandante, il forte Menippo, e che in seguito sia stato rimproverato da Stesimbroto di Taso per aver avuto rapporti perfino con la propria nuora.[27]

La sua vera fidanzata resta comunque la celebre Aspasia, la bella donna ionica a causa della quale il nostro Pericle si beccò una denunzia di concubinaggio. Aspasia era nata a Mileto, dove, a sentire le malelingue, avrebbe iniziato a lavorare come prostituta. Trasferitasi ad Atene, conobbe Pericle, anche grazie a una raccomandazione avuta da una collega, tale Targelia, la cui morale era: «se proprio devi venderti, scegliti i potenti».[28]

Giunta ad Atene, Aspasia mise in piedi un'attività che stava a mezzo tra il salotto radical-chic e la casa di tolleranza. I migliori ingegni e le donne più belle ebbero così modo d'incontrarsi e di scambiare delle idee. Si racconta che una volta, a seguito di un incidente mortale accaduto durante una gara di giavellotto, Pericle e Protagora abbiano discusso un intero pomeriggio per stabilire se la colpa doveva essere attribuita al lanciatore, ai giudici, al morto o al giavellotto. Anche Socrate e i suoi allievi si distinsero come frequentatori della casa: s'ignora se la loro assiduità fosse motivata dal salotto in sé o, più in particolare, dalle ragazze.

Aspasia era una perfetta padrona di casa: gentile, colta e raffinata. C'è chi avanza l'ipotesi che più di una iniziativa di Pericle sia partita in realtà dalla sua mente: tanto per dirne una, la decisione d'intervenire in aiuto di Mileto durante il conflitto con Samo. Che poi facesse un mestiere così poco perbene, non ci deve trarre in inganno: a quei tempi le donne perbene erano quasi sempre ignoranti, laddove le meretrici ricevevano un'istruzione notevole. Non dimenti-

[27] Plutarco, *Vita di Pericle* 13 (trad. it. cit., vol. I, pp. 561-63).
[28] Plutarco, *Vita di Pericle* 24 (trad. it. cit., vol. I, pp. 573-75).

chiamoci infine che il termine « prostituta », in greco *pornai* o *pallacai*, le fu affibbiato dai nemici di Pericle, mentre per gli storici fu sempre e solo un'etera. È come se noi oggi, andando in Giappone, prendessimo le geishe per delle puttane.

Pericle ebbe da Aspasia anche un figlio, che però non ottenne la cittadinanza non avendo genitori entrambi ateniesi.

La democrazia aveva le sue leggi e gli avversari politici ne approfittarono per dargli del filo da torcere. Tutti i suoi amici, prima o poi, ne pagarono le conseguenze: Anassagora fu trascinato davanti ai giudici e riuscì a salvarsi con la fuga; Fidia fu accusato di fregarsi l'oro delle statue e, malgrado fosse riuscito a dimostrare il contrario, staccando il prezioso metallo dalle sue opere e facendolo pesare, finì in carcere, dove, a quanto si dice, morì avvelenato; Aspasia fu denunziata dal commediografo Ermippo per miscredenza e per favoreggiamento della prostituzione, e solo grazie a un intervento di Pericle, che per lei pianse davanti alla giuria, ce la fece a evitare la galera.[29]

Nel frattempo i guai peggiori venivano dall'esterno: Sparta, smaniosa di menare le mani, non poteva tollerare che a due passi da lei ci si divertisse come se la vita fosse una piacevole avventura. Per qualche anno Pericle riuscì a evitare la guerra (qualcuno dice che pagasse sottobanco i capi spartani), poi non ci fu più niente da fare e il conflitto esplose in tutta la sua violenza. Il prudente Pericle, che non a caso Plutarco nelle *Vite Parallele* paragona a Fabio Massimo, rifiutò lo scontro frontale e preferì attendere l'attacco arroccandosi in Atene. Purtroppo per lui, l'affluenza di decine e decine di migliaia di contadini, che abbandonarono la campagna per rifugiarsi dentro le mura, fece scoppiare una terribile pestilenza, della quale Pericle fu considera-

[29] Plutarco, *Vita di Pericle* 32 (trad. it. cit., vol. I, p. 584).

to il principale responsabile. Lo destituirono e lo condannarono a pagare una multa di quindici talenti.[30]

Nell'autunno del 429 anche Pericle fu contagiato dall'epidemia. Il giorno della sua morte tutti gli amici gli si erano radunati intorno e, ritenendolo ormai in agonia, si misero a ricordare tutte le iniziative che in quarant'anni aveva preso a vantaggio della patria. Ma Pericle, ripreso conoscenza, interloquì: «Molti di questi successi sono da accreditare alla fortuna. Piuttosto avete dimenticato di citare la mia gloria più grande, e cioè che mai nessun ateniese per mia colpa indossò abiti neri».[31]

30 Plutarco, *Vita di Pericle* 35 (trad. it. cit., vol. I, p. 588).
31 Plutarco, *Vita di Pericle* 38 (trad. it. cit., vol. I, p. 591).

XIX
Anassagora

Frank Sinatra fu definito *the Voice*, la Voce, Anassagora invece fu soprannominato *Noús*, la Mente. In entrambi i casi, l'identificazione del personaggio con la sua qualità predominante ci sembra quanto mai azzeccata: nessuno infatti, più di Anassagora, poteva essere scelto a rappresentare i fermenti razionalistici che caratterizzarono la società ateniese del quinto secolo. L'amore per la dialettica, l'interesse per i fenomeni naturali, il nuovo modo di praticare la medicina d'Ippocrate, la purezza delle linee architettoniche e perfino la semplicità geometrica del piano regolatore del Pireo, progettato da Ippodamo di Mileto, ci fanno capire che nei filosofi e negli uomini d'ingegno di quel periodo c'era un gran desiderio di interpretare il mondo facendo uso esclusivo delle risorse della mente. Gli Dei, nei circoli intellettuali dell'epoca, erano passati di moda e, proprio per questo motivo, divennero ben presto strumento di lotta nelle mani della reazione. «L'Intelletto» diceva Aristotele «è come un uomo che non ha bevuto, messo al confronto con altri che dicono cose vane.»

Anassagora, figlio di Egesibulo,[1] nacque a Clazomene, una cittadina ionica nei pressi di Smirne, tra il 500 e il 497 a.C. Ebbe come maestro Diogene di Apollonia, il successore di Anassimene, e come tutti i filosofi che subirono

[1] Diogene Laerzio, *Vite dei filosofi* II 6 (trad. it. cit., p. 59).

l'influenza della scuola di Mileto, era più il tempo che passava a guardare il cielo, che non quello che destinava ai propri interessi. La famiglia era disperata: «Benedetto uomo, dicevano, ma perché non ti occupi delle tue proprietà?»[2] e lui di rimando: «Ma perché non ve ne occupate voi?». Fu così che, per non avere scocciature, decise di regalare ogni cosa ai parenti. In effetti, il giovane Anassagora si sentiva felice solo quando poteva restarsene, solo soletto, a osservare gli astri in cima al Monte Mimante.[3] Lassù trascorreva lunghe notti all'addiaccio, intabarrato in una coperta di lana e nel più assoluto silenzio. Una volta, a un compaesano che lo rimproverava di non amare abbastanza la patria, lui rispose: «Non è affatto vero: io amo moltissimo la patria!», e con il dito indicò il cielo.

Le sue conoscenze astronomiche lo resero ben presto famoso: si dice che avesse appreso i segreti dell'universo direttamente dai «libri arcani» dei sacerdoti egizi. Comunque gli furono attribuite previsioni di ogni tipo: un'eclissi solare, un terremoto (grazie al movimento del fango depositato in un pozzo),[4] il crollo di una casa e perfino la caduta di una meteorite nel fiume Egospotamo.[5] Il mondo greco era molto sensibile al fascino dei divinatori: chiunque, per calcolo o per fortuna, fosse stato capace di prevedere un evento naturale, godeva di credito illimitato. Anassagora, ad esempio, veniva presentato come «colui che aveva predetto la caduta di una pietra dal cielo». Sempre restando in tema, un giorno il filosofo fu visto alle Olimpiadi con il capo coperto da un mantello di pelle, come per proteggersi dalla pioggia, e poco dopo, malgrado il cielo fosse stato fino a quel momento sereno, venne giù sul serio un tremendo acquazzone.[6]

[2] Diogene Laerzio, *Vite dei filosofi* II 7 (trad. it. cit., p. 60).
[3] Filostrato, *Vita di Apollonio di Tiana* II 5 (trad. it. cit., p. 105).
[4] Ammiano Marcellino, *Storie* XXII 16, 22.
[5] Plinio, *Storia naturale* II 149-50.
[6] Cfr. *I Presocratici*, cit., vol. II, p. 558 n. 3.

A venti anni si trasferì in Atene dove fondò una scuola di filosofia. Ebbe come allievi Euripide e Archelao, famoso quest'ultimo per essere stato il maestro (e forse anche l'amante) di Socrate e per aver intuito che il suono si propagava nell'aria attraverso un susseguirsi di percussioni.[7]

Secondo alcuni, Anassagora fu chiamato ad Atene da Santippo, il padre di Pericle, perché facesse da istruttore al figlio, secondo altri invece, era un ex soldato persiano giunto in Grecia con le truppe di Serse. Quest'ultima ipotesi potrebbe giustificare l'accusa di «medismo» che, trent'anni dopo, gli verrà rivolta dai nemici di Pericle.[8] Anassagora infatti fu accusato da un certo Tucidide[9] di simpatia verso i persiani e di «empietà», ovvero di vilipendio della religione. Gli storici raccontano che venne condannato a morte per pochissimi voti.[10] Il buon Pericle, malgrado fosse sempre la massima autorità di Atene, non poté far altro che corrompere i carcerieri per consentirgli la fuga, prima ancora che venisse letta la sentenza. La verità è che il povero Anassagora era colpevole unicamente di essere amico e maestro di Pericle. I greci, quando si trattava di danneggiare un avversario politico, non andavano troppo per il sottile: anche un semplice sospetto di aver parlato male di Zeus poteva diventare un capo d'accusa.

L'esilio fu duro, se non altro perché lo teneva lontano dal luogo dove si «faceva cultura». L'orgoglio però, e soprattutto la saggezza, non lasciarono trasparire alcun rimpianto. Quando gli comunicarono che era stato condannato a morte, commentò la notizia dicendo: «Da tempo la

[7] Diogene Laerzio, *Vite dei filosofi* II 17 (trad. it. cit., p. 64).
[8] Diogene Laerzio, *Vite dei filosofi* II 12 (trad. it. cit., p. 62).
[9] Tucidide, figlio di Melesia, capo della fazione aristocratica, da non confondere con Tucidide lo storico.
[10] Giuseppe Flavio, *Contro Apione* II 265.

natura ha condannato a morte me e i miei nemici! ».[11] Quando seppe che erano morti i suoi figli, disse semplicemente: « Sapevo di averli generati mortali ». A chi gli ricordava che era stato privato degli ateniesi, ribatteva con fierezza: « Non io di loro, ma loro di me ».[12] Infine, a quelli che lo compiangevano perché sarebbe morto lontano dalla patria, obiettava che « da qualsiasi parte si scende, la strada per l'Ade è sempre la stessa ».

Nel frattempo il suo *La natura* circolava in gran segreto tra gli intellettuali. Secondo Plutarco « veniva letto di nascosto e compreso da pochi, che a loro volta lo mostravano solo agli amici fidati ».[13] Di certo si sa che è stato il primo best-seller della storia, o quanto meno il primo di cui si conosce il prezzo di copertina: una dracma.[14]

Sul processo di Anassagora le notizie sono quanto mai contraddittorie: c'è chi lo colloca nel 450 e chi nel 432, chi dice che il filosofo fu trascinato davanti ai giudici da Tucidide e chi da Cleone,[15] chi parla di condanna a morte, chi di ostracismo e chi di multa da cinque talenti. La cosa più probabile è che ci siano stati due processi e due condanne diverse, a 18 anni l'una dall'altra.[16]

L'ostracismo[17] era una specie di elezione negativa che aveva luogo una volta l'anno, all'inizio dell'inverno. Per far fuori un qualsiasi cittadino bastava raccogliere il consenso di almeno 6000 ateniesi e il poveraccio si vedeva esiliato per cinque o per dieci anni senza nemmeno saperne il motivo. Tenuto conto che il voto era segreto e che si poteva essere condannati anche senza aver commesso nulla, si può

[11] Diogene Laerzio, *Vita dei filosofi* II 13 (trad. it. cit., p. 62).
[12] Diogene Laerzio, *Vite dei filosofi* II 10 (trad. it. cit., p. 61).
[13] Plutarco, *Vita di Nicia* 23 (trad. it. cit., vol. I, p. 170).
[14] Platone, *Apologia di Socrate* 26.
[15] Plutarco, *Vita di Pericle* 32 (trad. it. cit., vol. I, p. 584).
[16] Cfr. *I Presocratici*, cit., vol. II, p. 563, n. 19.
[17] J. Burckhardt, *op. cit.*, vol. I, pp. 262-394.

immaginare quanto fosse facile finire in esilio. In pratica nessuno dei grandi ateniesi del quinto secolo, a parte Pericle, riuscì a evitare questo *impeachment*: perfino Aristide, che era il migliore di tutti, venne esiliato. L'ostracismo avrebbe dovuto affermare la supremazia del *demos* sull'individuo emergente, una specie di freno al culto della personalità; a conti fatti invece si rivelò uno strumento potentissimo nelle mani di pochi invidiosi.

Il secondo processo, sempre che ci sia stato, iniziò con la fustigazione di uno schiavo che confessò di aver udito Anassagora parlare del sole come di una pietra infuocata che ruotava libera nel cielo.[18] Il reato era gravissimo: alcuni anni prima un certo Diopite era riuscito a far passare una legge con la quale veniva condannato chiunque insegnasse dottrine sulle «cose celesti».[19] Pericle accorse subito in difesa dell'amico e fece di tutto per salvargli la vita: lo trascinò davanti al Consiglio mentre era ancora febbricitante per una malattia e, mostrando il viso stremato del vecchio maestro, chiese ai presenti: «Ateniesi, siete convinti che io abbia agito sempre per il bene della patria? Avete voi qualcosa da rimproverarmi? Ebbene sappiate che sono stato discepolo di costui!».[20]

Anassagora fu rilasciato più per pietà che non per l'accorata difesa di Pericle. Purtroppo l'orgoglioso filosofo non riuscì a sopportare una simile umiliazione e si lasciò morire d'inedia a Lampsaco, un paese sperduto della Ionia settentrionale.[21] Si sdraiò su un letto e si coprì il viso con un velo. Con Pericle, che era venuto ad assisterlo, si lamentò di non essere stato ricompensato per i suoi insegnamenti e disse: «Anche quelli che hanno bisogno di luce, versano l'olio

[18] Cfr. *I Presocratici*, cit., vol. II, p. 563, n. 20.
[19] Plutarco, *Vita di Pericle* 32 (trad. it. cit., vol. I, p. 583).
[20] Diogene Laerzio, *Vite dei filosofi* II 13 (trad. it. cit., p. 62).
[21] Cfr. *I Presocratici*, cit., vol. II, p. 558, n. 3.

nelle lanterne».[22] Agli arconti di Lampsaco che gli chiesero: «Come vuoi che sia ricordata la tua morte?» rispose: «Fate fare un giorno di vacanza ai fanciulli».[23]

Con tutto il rispetto per il signor *Noús*, a me il personaggio Anassagora non sta molto simpatico: in particolare m'insospettisce la notizia secondo la quale nessuno lo avrebbe mai visto ridere.[24] Si fosse trattato di un fatto caratteriale, pazienza; il guaio è, invece, che per Anassagora il mostrarsi sempre serio e compunto era una ben precisa scelta di comportamento. Non per niente i suoi discepoli prediletti, Euripide[25] e Pericle,[26] per timore di essere sorpresi con il sorriso sulle labbra, si rifiutavano di bere in compagnia e di partecipare ai simposi. A pensarci bene, l'avversione per la risata è un sintomo molto diffuso anche ai nostri giorni. Provate a osservare l'atteggiamento degli intellettuali italiani quando vengono intervistati in TV: noterete subito come il loro sguardo è sempre permeato da una austera consapevolezza. Dio solo sa quali oscuri meccanismi calvinisti, fatti di complessi di colpa e di desideri di espiazione, li rendono così allergici alla comicità. Forse il motto latino «*risus abundat in ore stultorum*» è stato messo in giro proprio da un antenato di Moravia, di Sciascia o di Giorgio Bocca. Fortunatamente, di tanto in tanto, spunta un Einstein o un Bertrand Russell e il cielo della cultura torna a tingersi di azzurro.

Le domande sono quelle classiche della filosofia presocratica:

1. Quali sono gli elementi primordiali?
2. Chi o che cosa li anima?

[22] Plutarco, *Vita di Pericle* 16 (trad. it. cit., vol. I, p. 567).
[23] Diogene Laerzio, *Vite dei filosofi* II 14 (trad. it. cit., p. 63).
[24] Cfr. *I Presocratici*, cit., vol. II, pp. 564-5, n. 21.
[25] Aulo Gellio, *Notti attiche* XV, 20.
[26] Plutarco, *Vita di Pericle* 7 (trad. it. cit., vol. I, p. 552).

Per Anassagora le sostanze prime sono infinite, sia per numero che per qualità, e vengono chiamate *omeomerie*. Non abbiamo a che fare, quindi, con un unico *archè*, come nella scuola di Mileto, o con quattro elementi diversi, come in Empedocle, bensì con infinite infinitesime particelle, tutte raggruppate secondo un criterio logico, stabilito dall'Intelletto.

All'inizio dei tempi, dice Anassagora, le *omeomerie* erano ammucchiate alla rinfusa, come in un gigantesco frullatore, dove non era possibile discernere né un colore, né una qualsiasi altra caratteristica[27] quando all'improvviso interviene l'Intelletto e il «frullatore» comincia a girare centrifugando quel che contiene: «il denso, l'umido, lo scuro, il freddo, insomma le cose grevi si riuniscono al centro e, una volta indurite, prendono consistenza di terra, quelle opposte invece, il caldo, il fulgido, il leggero, l'asciutto, si spingono verso la periferia dell'etere».[28]

Mentre le *omeomerie* sono pezzetti infinitesimi di materia, omogenee per qualità e invisibili, data l'esiguità della massa,[29] gli oggetti che vediamo in natura, anche i più minuti, contengono nel loro interno tutte le *omeomerie* possibili. Più precisamente, «in ogni cosa si nascondono tutte le sostanze e di queste appaiono solo quelle più numerose o quelle più in vista perché piazzate in prima fila».[30] Ne consegue che un tavolo di legno ha al suo interno un po' di tutto, anche il fuoco, il fumo, la cenere e così via; se a noi esso appare fatto soltanto di legno, è perché le *omeomerie* del legno si trovano in sovrannumero.

Per dimostrare queste asserzioni, Anassagora ci fa notare che il cibo mangiato dagli animali si trasforma in carne,

27 Cfr. *I Presocratici*, cit., vol. II, p. 604.
28 Cfr. *I Presocratici*, cit., vol. II, p. 607.
29 Cfr. *I Presocratici*, cit., vol. II, p. 569.
30 Lucrezio, *La natura* I 810 sgg.

ossa, capelli, vene, nervi, unghie, ali e perfino corna, e, dal momento che un capello non può nascere da un non-capello, è necessario che nel cibo ci siano già le *omeomerie* dei capelli.[31]

Seguendo il ragionamento del «tutto nel tutto», il filosofo arriva a dire che ogni cosa possiede, non solo le sue caratteristiche principali, ma anche quelle contrarie: la neve, ad esempio, ci appare[32] bianca ma al suo interno deve essere anche un po' nera, e questo mi ricorda mia madre che, quando trovava scipita la minestra, era solita dire: «*È doce 'e sale*», è dolce di sale.

Sui contrari Anassagora ribalta le teorie di Empedocle: il simile non è alla ricerca del simile, bensì del contrario.[33] Gli opposti devono la loro esistenza al nemico. Ognuno di noi avverte il freddo per quanto più caldo è il suo corpo. Un rumore, magari giudicato tenue se udito nel frastuono dell'*agorà*, può diventare insopportabile nel cuore della notte.

Per capire fino in fondo il pensiero di Anassagora, è necessario avere le idee chiare su che cosa intendesse lui per Intelletto. Abbiamo già precisato, a inizio di paragrafo, che il *Noús* non ha niente a che vedere con Dio, non essendo un Ente Creatore ma solo una sostanza «materiale», anche se con caratteristiche particolarmente raffinate, quali la purezza, la rarefazione e via dicendo. L'Intelletto è presente solo nelle cose animate e ad esso va attribuito l'ordinamento dell'universo, così come ci appare, e non la creazione delle sostanze primordiali. Si chiama «Intelletto» perché, a differenza del Caso, sa quello che fa.

31 Cfr. *I Presocratici*, cit., vol. II, p. 574.
32 Cfr. *I Presocratici*, cit., vol. II, p. 597.
33 Cfr. *I Presocratici*, cit., vol. II, p. 593.

Le virtù limitate del *Noús* anassagoreo delusero un po' i filosofi ateniesi, tanto è vero che Platone, nel *Fedro*,[34] dice testualmente:

« Avendo udito un tale, che diceva aver letto un libro di Anassagora, affermare essere l'Intelletto l'Ordinatore e la Causa di tutte le cose, godetti di questa spiegazione e pensai che, se la cosa fosse stata in questi termini, l'Intelletto avrebbe messo in ordine tutto e avrebbe disposto ogni cosa nel modo migliore... Ragionando in tal modo, credevo tutto contento di aver trovato in Anassagora la verità sulla causa degli esseri, secondo il mio intendimento, e che egli mi avrebbe detto in primo luogo se la terra è piatta o è rotonda, e, dopo avermelo detto, me ne avrebbe spiegato lo scopo e la necessità... sennonché, andando avanti con la lettura, ho visto che il mio eroe non si serviva affatto dell'Intelletto e non gli attribuiva nessuna causa nell'ordinamento delle cose, bensì ricorreva, come al solito, all'aria, all'etere, all'acqua e ad altre strane cose. »

Anassagora, oltre a essere soprannominato *Noús*, fu anche chiamato *ho physikótatos*, « il fisicissimo », per questa sua passione per le scienze naturali. Ecco qui di seguito un piccolo campionario di nozioni basilari della sua fisica e della sua astronomia:

- Gli astri sono pietre infuocate che ruotano vertiginosamente nel cielo, fino a che un improvviso rallentamento (tipo Cosmos tanto per intenderci) non li fa precipitare sulla terra (vedi episodio della meteorite del fiume Egospotamo).[35]
- « Il Sole manda la sua luce alla Luna »[36] che è una pietra fredda.
- L'orbita della Luna, essendo più bassa di quella del Sole, determina di tanto in tanto le eclissi.[37]
- Un giorno dalla Luna cadde giù un leone chiamato Nemeo.[38]

[34] Platone, *Fedro* 97 B.
[35] Ippolito, *Confutazione di tutte le eresie* I 8, 6.
[36] Plutarco, *Il volto sul disco della luna* 16; 929 B.
[37] Ippolito, *Confutazione di tutte le eresie* I 8, 9.
[38] Cfr. *I Presocratici*, cit., vol. II, p. 585.

– La Luna è abitata e ha montagne, colline, burroni e case, proprio come da noi.[39]
– I venti sono prodotti dalla rarefazione dell'aria riscaldata dal Sole.[40]
– I tuoni sono generati dallo scontro tra le nuvole.
– I terremoti vengono stimolati dal movimento di masse d'aria che si trovano imprigionate nelle viscere della terra.
– Le comete sono pianeti infiammati che lasciano dietro di sé una coda di scintille.[41]
– Il Sole è più grande del Peloponneso.[42]

Come si vede il buon Anassagora in alcuni casi ci azzeccava e in altri prendeva terribili cantonate; d'altra parte bisogna pure mettersi nei panni di questi poveri scienziati dell'antichità: brancolanti com'erano, tiravano tutti a indovinare, fidandosi un po' di quello che riuscivano a vedere a occhio nudo e un po' della fantasia.

Anche Anassagora ha una sua teoria dell'evoluzione. I primi uomini nacquero dall'umido, per poi nascere gli uni dagli altri; i maschi dalla parte destra dell'utero e le femmine dalla parte sinistra.[43] Gli esseri umani divennero ben presto i più intelligenti dell'universo, essendo i soli ad avere le mani. Un'intuizione genialissima, che gli studiosi odierni (etologi e paleontologi in testa) tendono a convalidare, ma che allora gli attirò molte critiche. Aristotele, ad esempio, non era affatto d'accordo, e rilevava: «Secondo Anassagora l'uomo è il più sapiente dei viventi perché ha le mani. A mio avviso sarebbe più ragionevole dire che ha le mani perché è il più intelligente.»[44]

[39] Cfr. *I Presocratici*, cit., vol. II, p. 587.
[40] Ippolito, *Confutazione di tutte le eresie* I 8, 11 sgg.
[41] Diogene Laerzio, *Vite dei filosofi* II 9 (trad. it. cit., p. 61).
[42] Cfr. *I Presocratici*, cit., vol. II, p. 585.
[43] Ippolito, *Confutazione di tutte le eresie* I 8, 12.
[44] Aristotele, *Le parti degli animali* IV 10 687a 7.

XX
Leucippo

Due parole su Leucippo, anche perché sarebbe difficile dirne qualcuna in più. Della data di nascita sappiamo poco: prudentemente gli storici la collocano tra il 490 e il 470 a.C. Sulla patria di origine i pareri sono discordi:[1] c'è chi lo vuole nato a Mileto, chi a Elea, chi ad Abdera e chi in nessun luogo. Assertore di questa ultima tesi è, nientepopodimeno, Epicuro, il quale, pur professandosi un estimatore delle teorie atomiste, nega che sia mai esistito un filosofo chiamato Leucippo.[2] A noi francamente la *boutade* di Epicuro appare un tantino azzardata: Aristotele nella sua opera *La Generazione e la Corruzione* lo nomina undici volte ed è alquanto improbabile che un pignolo come lui si sia messo a dissertare su un filosofo immaginario. Infine, tanto per dare un'idea di quante opinioni ci siano sull'argomento, c'è anche l'ipotesi del Tannery secondo la quale Leucippo sarebbe solo uno pseudonimo di Democrito.

In ogni modo, dovendo abbozzare un profilo di Leucippo, ci siamo convinti che il filosofo sia nato nel 480, decennio più decennio meno, e che sia vissuto in patria fino alla rivolta degli aristocratici del 450. Superata la trentina, come tutti i presocratici che si rispettano, cominciò a girare il

[1] Diogene Laerzio, *Vite dei filosofi* IX 30 sgg. (trad. it. cit., p. 436).
[2] Epicuro, *Lettera a Euriloco*, in Diogene Laerzio, *Vite dei filosofi* X 13 (trad. it. cit., p. 485).

mondo in lungo e in largo. La sua presenza ci viene segnalata a Elea, dove rimase quel tanto che bastava per imparare e demolire la dottrina di Zenone, e ad Abdera, città di mare della Tracia a mezza strada tra la Grecia e la Ionia, dove fondò una scuola filosofica.

L'incerto Leucippo ha avuto la sfortuna di avere come allievo un grosso personaggio come Democrito: la vicinanza di un allievo simile ha talmente offuscato la figura del maestro da suscitare dei dubbi sulla sua stessa esistenza. Cominciamo col dire che Democrito non si è mai degnato di nominarlo nelle sue pur numerose opere, e che gli storici, tranne qualche rara eccezione,[3] lo citano sempre in coppia con l'allievo, rendendo difficile distinguere il pensiero dell'uno da quello dell'altro. Un suo saggio infine, il *Grande Ordinamento*, è stato inserito nel *Corpus Democriteum* ed è finito per diventare anch'esso uno scritto di Democrito.

Ciò premesso, è nostra intenzione, in questa modesta passerella di filosofi, tentare una rivalutazione di Leucippo, riconoscendogli almeno il merito di aver inventato due concetti fondamentali della storia del pensiero: il vuoto e l'atomo.

Fino a quel momento tutti si erano affannati a negare l'esistenza del vuoto: Empedocle, con l'esperimento della fanciulla che immerge nell'acqua il tubicino di rame capovolto, aveva dimostrato che quella cosa che il volgo chiamava «aria» aveva una sua consistenza e non corrispondeva affatto al vuoto.[4] Anassagora, da parte sua, mostrando un otre pieno d'aria, illustrava anche lui un metodo pratico per toccare con mano lo «spessore» del vuoto.[5] Parmeni-

[3] Diogene Laerzio, *Vite dei filosofi* IX 30 e 46 (dove si cita anche un'osservazione di Teofrasto): cfr. trad. it. cit., pp. 436-7, 444.
[4] Fr. 100 Diels = 96 Gallavotti.
[5] Aristotele, *Il cielo* IV 2 309a 19.

de, infine, non solo dava per scontata l'inesistenza del vuoto, ma addirittura se ne serviva per dimostrare l'impossibilità del movimento: «L'Uno» diceva «è immobile; se potesse muoversi dovrebbe occupare uno spazio vuoto, il che è impossibile, quindi il movimento non esiste».[6]

Per quanto riguarda l'atomo, bisogna riconoscere che Anassagora con le sue *omeomerie* c'era andato abbastanza vicino. Comunque, a parte la considerazione che i due filosofi, in quanto contemporanei e residenti in città diverse, difficilmente potevano influenzarsi l'uno con l'altro, la sostanziale differenza tra le *omeomerie* di Anassagora e gli atomi di Leucippo stava nel fatto che mentre le prime erano suddivisibili all'infinito, i secondi, ancorché piccolissimi, venivano immaginati come particelle solide e a prova di taglio, in pratica gli ultimi corpuscoli in cui era possibile dividere la materia. E infatti «atomo», in greco, significa appunto «indivisibile».

[6] Platone, *Teeteto* 181 e.

XXI
Democrito

Democrito, figlio di Egesistrato o di Atenocrito o di Damasippo, nasce ad Abdera o a Mileto,[1] in una data oscillante tra il 472 e il 457 a.C. Come sempre l'anagrafe dei filosofi presocratici è quella che è: una vaga lista fatta di date e di padri incerti. D'altra parte, mettiamoci anche nei panni di questi poveri greci: un calendario vero e proprio non ce l'avevano e, quando erano costretti a dichiarare l'anno di nascita, si arrangiavano facendo riferimento agli arconti in carica o ai vincitori delle Olimpiadi. È come se io oggi affermassi di essere nato nell'anno in cui Owens vinse i cento metri e di essermi sposato quando Tambroni era presidente del consiglio: vatti a ricordare!

Democrito era il più piccolo di quattro figli: aveva due fratelli, Erodoto e Damaste, e una sorella di cui non si conosce il nome.[2] Cresciuto tra agi e ricchezze, quando morì il padre rinunziò alla sua parte di terreni e si fece consegnare solo una quota in contanti. Era comunque una cifra considerevole: Diogene Laerzio [3] parla di cento talenti, come a dire un miliardo dei nostri giorni. Democrito accettò il denaro, contro ogni sua convinzione etica, solo per poter realizzare un progetto a lungo sognato: girare

[1] Diogene Laerzio, *Vite dei filosofi* IX 34 (trad. it. cit., p. 438).
[2] Cfr. *I Presocratici*, cit., vol. II, p. 668.
[3] Diogene Laerzio, *Vite dei filosofi* IX 36 (trad. it. cit., p. 439).

tutto il mondo e incontrare quanti più maestri fosse stato possibile. Ecco come Orazio, il grande poeta latino, commenta il gesto del filosofo: « Qual meraviglia se il bestiame entra nei campi di Democrito e guasta le messi, mentre l'animo di lui, immemore del corpo, se ne va errando veloce ».[4]

Democrito fu un viaggiatore instancabile: studiò l'astronomia con i caldei, la teologia con i magi e la geometria con gli egiziani; visitò l'Etiopia, il Mar Rosso e perfino l'India dove ebbe modo di conoscere i gimnosofisti.[5] In un frammento riportato da Clemente Alessandrino,[6] lui stesso dice: « Io sono, tra i miei contemporanei, quello che ha percorso la maggior parte della Terra, facendo ricerca delle cose più strane; e vidi cieli e terre numerosissime; e udii la maggior parte degli uomini dotti; e nella composizione di figure geometriche, con relativa dimostrazione, nessuno mi superò, nemmeno i cosiddetti arpedonapti ». In questi viaggi fu sempre aiutato dai reali di Persia: si dice infatti che il re Serse, attraversando la Tracia all'epoca della seconda guerra greco-persiana, sia stato ospite di suo padre e che, da quel momento, sia nata una certa forma di protezione nei confronti della sua famiglia.[7]

Ovviamente in tanto girare capitò anche ad Atene e qui, strano a dirsi, « nessuno lo riconobbe ».[8] C'è chi ha avanzato l'ipotesi[9] che quel giovanotto che parla con Socrate nei *Rivali* di Platone sia proprio Democrito.[10] Socrate infatti, in questo dialogo, sostiene che il filosofo è come un pentatleta, un uomo cioè capace di essere il primo nella graduatoria

[4] Orazio, *Epistola*, I 12, 12.
[5] Diogene Laerzio, *Vite dei filosofi* IX 35 (trad. it. cit., p. 439).
[6] Clemente Alessandrino, *Stromata* I 15, 69.
[7] Diogene Laerzio, *Vite dei filosofi* IX 34 (trad. it. cit., p. 438).
[8] Cicerone, *Tusculanae disputationes* V 36, 104.
[9] Diogene Laerzio, *Vite dei filosofi* IX 37 (trad. it. cit., p. 440).
[10] Platone, *I rivali* 136a.

finale, pur non avendo vinto in nessuna specialità, e Democrito per l'appunto si vantava di essere un esperto in Fisica, in Etica, in Scienze Enciclopediche, in Arte e in Matematica.

Quando, dopo tanto viaggiare, tornò in patria, non aveva più nemmeno una dracma: non poté far altro che andare a vivere in casa dei fratelli nelle vesti del parente povero. Sennonché, a causa di una vecchia legge tracia, il governo gli comunicò che non sarebbe stato sepolto in patria, avendo lui dilapidato tutte le sostanze paterne. Democrito allora, per evitare di esser buttato in mare dopo morto, lesse in pubblico uno dei suoi libri, il *Grande Ordinamento*, e gli abderiti, abbagliati da tanta scienza, non solo gli garantirono i funerali a spese dello stato, ma gli ridettero pure i cento talenti.[11]

Strano personaggio questo Democrito: per alcuni era un buontempone, sempre pronto a ridere e a scherzare, per altri invece uno studioso che amava ritirarsi in solitudine. Probabilmente era l'uno e l'altro: non a caso fu soprannominato contemporaneamente sia «Il Derisore» che «La Sapienza».[12] La sua risata fragorosa era così celebre in Grecia che più di una volta fu criticato nei circoli intellettuali ateniesi. Di lui si diceva: «È di Abdera, dove di solito nascono gli idioti».[13] Chi più di tutti fece le spese di questa vena satirica di Democrito fu Anassagora. L'abderita lo prese sempre in giro per la teoria dell'Intelletto e lo accusò di essersi appropriato di alcune antiche dottrine sul Sole e sulla Luna.[14] Sembra però che tutta l'antipatia di Democrito sia dovuta al fatto che fosse stato bocciato personalmen-

[11] Diogene Laerzio, *Vite dei filosofi* IX 39-40 (trad. it. cit., p. 441).
[12] Cfr. *I Presocratici*, cit., vol. II, p. 668.
[13] Cfr. *I Presocratici*, cit., vol. II, p. 697.
[14] Diogene Laerzio, *Vite dei filosofi* IX 34 (trad. it. cit., p. 439).

te da Anassagora il giorno in cui chiese l'ammissione alla scuola di Atene.[15]

La tendenza, diciamo così, all'introversione si manifestò in Democrito fin dalla prima giovinezza: era poco più che un bambino quando si costruì in fondo al giardino di casa un capanno, una specie di tana, dove amava nascondersi agli occhi di tutti. Si dice anche che in età matura, sempre per poter dare maggior spazio alla propria immaginazione, fosse solito trascorrere lunghi periodi di tempo nella solitudine del deserto o tra le tombe dei cimiteri.[16]

Le esperienze acquisite in Oriente gli avevano conferito particolari facoltà divinatorie: a parte le previsioni di fenomeni naturali, a cui ormai si dedicavano tutti i filosofi, Democrito riuscì spesso a meravigliare gli amici con alcune stranissime intuizioni: si racconta, ad esempio, che un giorno, bevendo un bicchiere di latte, abbia detto: «Questo latte è stato munto da una pecora nera, nata di primo parto»[17] e che la cosa sia stata subito dopo verificata. Un'altra volta pare che abbia salutato un'amica di Ippocrate con la frase «buongiorno fanciulla», per poi risalutarla il giorno successivo con un «buongiorno donna»: la ragazza infatti, proprio quella notte, aveva avuto la sua prima esperienza sessuale.[18] Gli storici non dicono nulla sul nome del partner: ovemai fosse stato Ippocrate, resterebbe il dubbio che l'intuizione democritea sia più da attribuire alla confidenza di un amico che non a un fenomeno di carattere parapsicologico.

Un giorno Democrito, non sapendo come consolare il Grande Dario per la morte della moglie, gli disse: «Procurami tutte le cose che ho scritto su questo foglio e io

[15] Diogene Laerzio, *Vite dei filosofi* IX 35 (trad. it. cit., p. 439).
[16] Diogene Laerzio, *Vite dei filosofi* IX 38 (trad. it. cit., p. 440).
[17] Diogene Laerzio, *Vite dei filosofi* IX 42 (trad. it. cit., p. 442).
[18] D. Lypourlis, *Hippocrate dans une tradition populaire de Cos*, «Hellenika» 23, 1970, pp. 109-14.

ti prometto che la farò resuscitare». Il re si dette subito da fare affinché il saggio fosse accontentato in ogni particolare, ma non fu possibile soddisfare l'ultima delle sue richieste, quella cioè d'incidere sulla lapide della regina il nome di tre uomini che nella vita non avessero mai provato un dolore. Al che Democrito disse: «O irragionevole uomo, tu piangi senza ritegno come se fossi il solo essere al mondo ad aver sofferto una simile sventura!».[19]

La leggenda racconta che Democrito, una volta diventato vecchio, si sia privato spontaneamente della vista, esponendo i propri occhi ai raggi del sole riflessi da uno scudo argentato: non voleva che «la vista del corpo gl'impedisse quella dell'anima».[20] Secondo Tertulliano, invece, il vecchio gaudente si accecò per non vedere più le donne belle, dal momento che non era più in condizione di amarle.[21] In ogni caso, a testimonianza di questo dramma, resta una poesia di Laberio Decimo:[22]

Democrito di Abdera, filosofo fisico,
rivolse uno scudo proprio verso la parte dove sorge Iperione
per potersi togliere la vista con lo splendore celeste,
così coi raggi del sole egli si privò della luce degli occhi.

Una volta, in un suo libro, aveva scritto: «Spesso il vivere a lungo non è un lungo vivere ma un lungo morire».[23] Sta di fatto che, superati i cento anni, decise di suicidarsi e diminuì progressivamente la propria razione di cibo fino a non mangiare più nulla. Giunto allo stremo delle forze, stava lì lì per rendere l'anima, quando la sorella, anch'essa centenaria, si lamentò che, se fosse morto, il lutto le avrebbe impedito di partecipare alle feste Tesmofo-

[19] Giuliano, *Epistola* 201.
[20] Cicerone, *Tusculanae disputationes* V 39, 114.
[21] Tertulliano, *Apologeticum* 46.
[22] Aulo Gellio, *Notti attiche* X 17.
[23] Porfirio, *L'astinenza* IV 21.

rie. Il filosofo allora, con molta pazienza, chiese che gli venissero portati dei pani caldi e se li accostò al viso. Sopravvisse ancora tre giorni, poi chiese alla sorella: «Sono finite le feste?». Lei rispose «sì» e lui chiuse gli occhi per sempre.[24]

Diogene Laerzio gli dedica questi versi:[25]

per tre giorni trattenne in casa la morte
offrendole solo il caldo odore dei pani.

La sua fama si diffuse in tutto il mondo civile. Di lui parlò bene persino Timone di Fliunte.[26] Platone invece, fu il suo unico irriducibile detrattore: si rifiutò sempre di nominarlo e si diede da fare affinché fossero bruciati i suoi libri. Non riuscì nel suo intento per un solo motivo: gli scritti di Democrito erano diffusi dappertutto e dappertutto riscuotevano consensi.[27]

La dottrina di Democrito è molto semplice, complicate magari sono le domande a cui il filosofo evita di rispondere, ma procediamo con ordine.

La realtà è costituita dagli atomi e dal vuoto:[28] gli atomi sono dei corpuscoli, infiniti di numero, assolutamente compatti, quindi indivisibili, uguali per qualità, ma diversi per forma geometrica e per grandezza; il vuoto invece è semplicemente il vuoto, ovvero un «non-qualcosa» (*oudén*) che esiste così come esiste il «qualcosa» (*dén*).[29] Detto in termini ancora più elementari, il mondo sarebbe formato

[24] Diogene Laerzio, *Vite dei filosofi* IX 43 (trad. it. cit., p. 443).
[25] Diogene Laerzio, loc. cit.
[26] Diogene Laerzio, *Vite dei filosofi* IX 40 (trad. it. cit., p. 441).
[27] J. Bollack, *Un silence de Platon*, «Revue de philologie» 41, 1967, pp. 242-6.
[28] Cfr. *I Presocratici*, cit., vol. II, p. 681.
[29] *den* in greco è l'ente, e *oudén* vuol dire «niente», ovvero «ni + ente».

da pezzettini di materia, durissimi, fatti a forma di palline, di cubetti, di dodecaedri e via dicendo, che si muovono all'interno di uno spazio fisico fatto di niente. Questi pezzettini, chiamati atomi, a volte s'incollano tra di loro e altre volte si staccano.[30]

Accettata questa descrizione del mondo che ci circonda, viene spontaneo chiedersi: chi ha fatto gli atomi e il vuoto, chi fa muovere gli atomi, chi ha dato loro la prima spintarella, chi li incolla e chi li stacca? E qui Democrito è meno convincente: gli atomi sono infiniti ed esistono da sempre,[31] così come da sempre si muovono nel vuoto; ruotano in un turbine (*dínos*) e di tanto in tanto si urtano. I rimbalzi (*apopàllesthai*), le scosse (*palmós*), gli sfioramenti (*epíspasis*) e i contraccolpi (*sunkroúesthai*) danno luogo a formazioni di ammassi che poi, in definitiva, sarebbero gli oggetti che ci circondano. La dottrina di Empedocle, secondo la quale a combinare le unioni e le separazioni sarebbero l'Amore e la Discordia, a Democrito non va bene: lui è un materialista serio, concetti come Amore e Discordia puzzano troppo di mitologia, allora tanto vale ritornare a Zeus e a Saturno che, se non altro, risultano più divertenti.

Questa, in sostanza, la teoria fisica e cosmologica di Democrito. Diciamo subito che ci sembra facilmente attaccabile. Ammesso che gli atomi si muovano «da sempre» lungo percorsi circolari, due sono le ipotesi: o le traiettorie sono parallele, e allora non si capisce come sia avvenuto il primo scontro (non essendo ipotizzabile un'invasione di corsia, si sarà trattato di un tamponamento!), o le traiettorie non sono parallele e allora gli scontri hanno avuto luogo fin dal primo istante. Ma di quale primo istante andiamo parlando, se abbiamo appena detto che gli atomi si muovono «da sempre»?

[30] Cicerone, *De finibus* I 6, 17,
[31] Plutarco, *Stromata* 7.

Epicuro, estimatore di Democrito e convinto atomista, cercherà più tardi di metterci una pezza e avanzerà l'ipotesi[32] che gli atomi, in quanto diversi per grandezza lo siano anche per peso, e che questa diversità abbia provocato un'inclinazione [33] nei loro percorsi. Ci dispiace per Epicuro, ma i nostri dubbi restano quelli di prima.

Nella filosofia atomistica non c'è posto per niente che non sia il pieno o il vuoto, perfino l'anima, il pensiero e le sensazioni sono fatti di materia. Gli atomi dell'anima sono più rotondi, più mobili e più lisci di quelli del corpo. L'uomo vive fin tanto che riesce, con la respirazione, a equilibrare gli atomi dell'aria con quelli dell'anima. Le sensazioni avvengono nel seguente modo: ogni oggetto emana un effluvio materiale, anche se invisibile, chiamato *éidolon*, che si scontra con l'aria interposta e che, dopo una serie di urti a catena, impressiona gli atomi dei sensi, i quali, a loro volta, trasmettono l'urto agli atomi del pensiero.[34] Come si vede, tutto avviene attraverso contatti fisici. La conoscenza è un fatto soggettivo in quanto dipende dal mezzo interposto e dalla capacità del soggetto che riceve. Se Democrito avesse avuto ai suoi tempi una Polaroid, avrebbe potuto mostrare a tutti come è fatto un *éidolon*.

La differenza sostanziale tra gli atomi di Democrito e le *omeomerie* di Anassagora sta nella divisibilità della materia: in entrambi i casi si tratta di particelle piccolissime, ma mentre l'atomo è un pezzo di materia durissimo, inattaccabile dall'esterno, l'*omeomeria*, almeno con l'immaginazione, può essere suddivisa all'infinito. Seguendo la logica di Anassagora, in una molecola del nostro corpo potrebbero esserci miliardi e miliardi di altri mondi, abitati o no, e

[32] Cfr. *I Presocratici*, cit., vol. II, pp. 692-3.

[33] *Parénklisis* secondo la terminologia di Epicuro, *clinamen* secondo quella di Lucrezio.

[34] Cfr. *I Presocratici*, cit., vol. II, pp. 715-27.

nessuno mai potrà dimostrarci il contrario, dal momento che siamo egualmente lontani, sia dalle galassie dello spazio che dall'infinitamente piccolo che è dentro di noi.

Il problema sta tutto nel particolare se ammettere o meno l'esistenza del vuoto. Potrà sembrare strano, ma il mistero del vuoto non è stato ancora risolto: in natura non c'è nulla che possa essere considerato assolutamente vuoto; nel migliore dei casi abbiamo a che fare con spazi attraversati da onde luminose. Democrito diceva che, se riusciamo a tagliare una mela, è perché la lama del coltello s'infila tra i vuoti esistenti nella materia. Ebbene, oggi questo ragionamento non ci è più concesso perché, da Einstein in poi, abbiamo perso il significato di materia e di spazio. Ci rendiamo conto della difficoltà del concetto e ce ne scusiamo con il lettore, ma dopo la teoria della relatività, è come se lo spazio si fosse sposato col tempo formando una coppia indissolubile. Non possiamo quindi parlare di oggetti materiali a sé stanti, ma di eventi, e non ha senso definire «uno spazio tra due punti», ma è più corretto parlare di «un intervallo tra due eventi». «Sono gli eventi che costituiscono il *materiale* del mondo, e ciascuno di essi è di breve durata. Sotto questo aspetto la fisica moderna sta dalla parte di Eraclito ed è contro Parmenide.»[35]

In un certo qual modo Democrito ha tentato di mettere d'accordo le due correnti di pensiero che avevano caratterizzato il suo secolo. Da una parte c'erano i partigiani dell'essere e dall'altra quelli del divenire: per i primi l'Uno era qualcosa d'immobile, di eterno e di indivisibile; per i secondi non c'era nulla al mondo che riuscisse a star fermo o che potesse essere paragonato a se stesso nemmeno dopo un istante. Che fare? Per conciliare le due opposte tesi, Democrito inventa la teoria atomistica. A Parmenide concede l'atomo e cioè l'essere immutabile, eterno, indivisibile

[35] B. Russell, *op. cit.*, vol. I, p. 87.

e, al suo interno, privo di vuoto, in modo che l'Eleate possa trovarci dentro tutte le prerogative dell'Uno a eccezione dell'immobilità; a Eraclito offre il vuoto, ovvero uno spazio fisico dove gli atomi possano scorrazzare a loro piacimento e dove la materia possa aggregarsi e disfarsi in un continuo divenire.

A restare scontenti saranno i filosofi successivi: i Socrate, i Platone e gli Aristotele, tutta gente in continua attesa che arrivi qualcuno a fare luce sulla causa prima e sullo scopo finale. Per loro era come se Democrito avesse narrato la trama di una commedia saltando la prima e l'ultima scena. D'altra parte, venire in soccorso del filosofo d'Abdera, affermando che gli atomi erano stati mossi da un Creatore, non avrebbe risolto il problema: Democrito, da buon materialista, avrebbe subito chiesto: «E il Creatore chi l'ha creato?». La verità è che la Filosofia, in questo suo procedere tra la Scienza e la Religione, aveva toccato con gli atomisti un punto estremo del percorso, tutto Scienza e niente Religione.

XXII
I sofisti

L'avvocatura, come professione, fu inventata dai greci verso la fine del quinto secolo avanti Cristo. A differenza del fuoco e della penicillina, la scoperta dell'avvocato avvenne per gradi. Vediamo come si svolsero i fatti.

Atene, durante i periodi di pace, era una città dove ci si annoiava a morte: il lavoro era riservato agli schiavi e chi aveva avuto la fortuna di nascere cittadino ateniese non sapeva come passare il tempo libero. Doveva essere un problema arrivare fino in fondo alla giornata. In una situazione del genere si può ben capire quanto successo potessero riscuotere le vicende giudiziarie: era come se oggi, in televisione, ci fosse solo Perry Mason.

Fino all'avvento di Pericle, nei tribunali greci non era consentito farsi difendere da un avvocato, anzi, ognuno era tenuto a far valere i propri diritti esponendosi in prima persona, qualunque fosse stato il suo ruolo nel processo, accusatore o imputato: peggio per lui se non sapeva parlare.

La giuria, chiamata *Eliea*,[1] era formata da persone prese dal popolo: uomini al di sopra di ogni sospetto che purtroppo però, non essendo magistrati di carriera, venivano spesso conquistati più dall'abilità delle parti in causa, che non dalla validità degli argomenti, e così accadeva che quasi

[1] J. Burckhardt, *op. cit.*, vol. II, p. 42.

sempre i furbi riuscivano a farla franca a spese degli sprovveduti.

Il primo ad approfittare delle difficoltà in cui venivano a trovarsi i contadini coinvolti nelle vicende giudiziarie, fu un certo Antifonte Ateniese. Costui era un esiliato politico che, per sopravvivere, aveva aperto a Corinto un «negozio di consolazioni», ovvero uno studio dove si vantava di poter lenire qualsiasi sofferenza psichica con la sola forza della parola. Dopo aver esercitato per alcuni anni la professione di consolatore, Antifonte pensò bene di scrivere arringhe e requisitorie per chiunque avesse avuto a che fare con la giustizia. I testi da lui elaborati erano così efficaci che in poco tempo divenne famoso in tutta l'Attica come «il cuoco dei discorsi».[2] Nella parcella che chiedeva ai clienti era compreso il compenso per una lezione di oratoria, durante la quale pretendeva che il discorso venisse imparato a memoria, anche perché, essendo la sua clientela quasi sempre analfabeta, non aveva altro sistema per consegnare la merce.

Antifonte e quelli come lui furono chiamati *logografi*: essi confezionavano a richiesta orazioni politiche, elogi funebri e arringhe per casi di omicidio. In alcuni processi, fingendosi parenti o amici degl'imputati, riuscivano anche a testimoniare in favore dei propri clienti. Nel giro di pochi anni, la loro funzione sociale divenne così insostituibile che furono legalmente riconosciuti dai tribunali. A praticare questo mestiere di *retore*, cioè di oratore a pagamento, erano i sofisti: individui particolarmente versati nell'arte di parlare in pubblico.

All'inizio la parola «sofista» non aveva in sé nulla di dispregiativo, anzi, la radice «sof» (da «sofia» sapienza) stava a designare l'esperto ed «essere sofista» equivaleva a «possedere una conoscenza approfondita in un dominio

[2] Cfr. *I Presocratici*, cit., vol. II, p. 982.

particolare» (oggi in termini tecnici si direbbe «avere il *know how*). Successivamente però, i filosofi e gli intellettuali in genere, gelosi che qualcuno potesse vendere un prodotto della mente, insorsero contro di loro e ne dissero peste e corna. Senofonte nei *Memorabili* dice testualmente:[3] «Sono detti sofisti alcuni uomini che si prostituiscono e che per denaro vendono la propria sapienza a chi la richiede: essi parlano per ingannare e scrivono per guadagno e non giovano a nessuno in nulla». Platone, per non essere da meno, li fa mortificare nei dialoghi da un Socrate ancora più sofista di loro.

Ad aggravare il solco tra filosofi e sofisti, c'era anche un diverso modo di vivere la professione: i filosofi, diciamo così tradizionali, frequentavano in genere una scuola con le sue regole e la sua dottrina, i sofisti invece operavano sul mercato come liberi professionisti senza sentire il bisogno di sposare una precisa linea di pensiero. La differenza è sostanziale in quanto le scuole greche di filosofia erano un po' come delle confraternite all'interno delle quali gli allievi, oltre che istruirsi, professavano anche una fede; ai loro occhi quindi i sofisti apparivano come individui senza scrupoli e senza ideali. Mai che a nessuno sia venuto il sospetto che i sofisti credessero in un'unica verità, quella della non esistenza della verità.

Malgrado il boicottaggio dell'*intellighentia*, i sofisti divennero sempre più popolari, raggiungendo in alcuni casi addirittura la notorietà dei campioni olimpici: ognuno aveva il suo stile oratorio o quantomeno un qualcosa che lo distingueva dagli altri. Ippia di Elide, ad esempio, era solito indossare abiti e oggetti confezionati da se stesso:[4] perfino i sandali e la pietra intagliata dell'anello erano opera sua; inoltre, benché ottantenne, aveva una memoria

[3] Senofonte, *Memorabili* I 1,11.
[4] Platone, *Ippia minore* 368b.

prodigiosa: si dice che fosse capace di ripetere cinquanta nomi in sequenza, uditi appena una volta.[5] Isocrate aveva più di cento allievi e ognuno di loro pagava mille dracme, sempre che non fosse ateniese, nel qual caso il corso era gratuito.[6] Gorgia da Leontini era capace d'improvvisare un'orazione su qualsiasi argomento gli fosse stato proposto.[7] Antifonte scrisse per il medesimo processo ben quattro discorsi: uno a favore e uno contro l'accusa, uno a favore e uno contro la difesa.[8] Prodico di Ceo, quando si accorgeva che i suoi uditori si addormentavano, era solito gridare: «Attenzione, attenzione: sto per dirvi una cosa che vi costerà cinquanta dracme!».[9] Protagora di Abdera, a un poeta che lo insultava per strada, disse: «Preferisco ascoltare le tue ingiurie piuttosto che i tuoi poemi».[10] Lisia, forse il più bravo di tutti, era noto per l'estrema semplicità del linguaggio. Ecco come chiude l'orazione *Contro Eratostene*: «Sono giunto alla fine dell'accusa. Voi avete udito, avete visto, a voi la decisione. Pronunciate il vostro giudizio».[11] Iperide l'astuto faceva affidamento sulla commozione delle giurie. Nell'arringa *In difesa di Eussenippo* termina dicendo: «Io ti ho aiutato per quanto potevo. Ora non resta che supplicare i giudici, chiamare gli amici e far venire i fanciulli».[12] Cleone il politico camminava su e giù per la tribuna, si strappava di dosso il mantello e si dava grandi pacche sui fianchi.[13]

Il genere però dove i sofisti ebbero modo di divertirsi sul

[5] Filostrato, *Vite dei sofisti* I 11, 1.
[6] Cfr. *Vitarum scriptores Graeci minores*, a cura di A. Westermann, Brunswick 1845, pp. 254-5.
[7] Filostrato, *Vite dei sofisti* I 1, 8.
[8] Cfr. R. Cantarella, *La letteratura greca classica*, Firenze 1967, p. 444.
[9] Aristotele, *Retorica* III 14 1415b 12.
[10] Cfr. *I Presocratici*, cit., vol. II, p. 888.
[11] Lisia XIV 40.
[12] Plinio, *Epistulae* II 11.
[13] Plutarco, *Vita di Nicia* 8 (cfr. trad. it. cit. vol. I, p. 646).

serio fu il discorso epidittico: un'arte che non aveva altro scopo se non quello di mettere in vetrina l'eloquenza degli oratori. Ad Atene si tenevano vere e proprie gare di epidittica: scontri tra sofisti, concorsi per aspiranti retori e perfino un festival dell'elogio funebre (per gli appassionati ricordiamo che il defunto prescelto in quella occasione come tema obbligatorio fu un certo Mausolo).[14] Tra le orazioni passate alla storia citiamo *L'elogio della mosca* di Luciano e soprattutto *L'elogio di Elena* di Gorgia da Leontini, dove il sofista dimostra che la povera signora non aveva nessuna colpa per quello che era successo tra i greci e i troiani. Tre sono le ipotesi infatti, diceva Gorgia, o il destino di Troia era stato già deciso dal Fato e dagli Dei, e allora la colpa è di costoro, o fu rapita con la violenza, e allora fu anche lei una vittima di Paride, o fu persuasa dalle parole, e «in questo caso, o ateniesi, sappiate che non c'è nulla al mondo di così terribile come la parola: essa è un potente sovrano, poiché con un corpo piccolissimo e del tutto invisibile riesce a portare a compimento opere profondamente divine».[15]

Al genere epidittico appartennero anche le *antilogie* o «discorsi dalle doppie ragioni». Il sofista in un primo tempo difendeva una tesi, per poi dimostrare, in un secondo tempo e con argomenti altrettanto inconfutabili, esattamente il contrario. Si racconta che un maestro di quest'arte un giorno venne a esibirsi a Roma. Alla fine del suo primo intervento fu calorosamente applaudito dal pubblico presente, quando però cominciò a sostenere la tesi opposta, gli venne inferto un solennissimo *mazziatone*. I romani erano gente semplice e di poche parole: a certe raffinatezze greche non potevano assolutamente arrivare.

[14] J. Burckhardt, *op. cit.*, vol. II, p. 49.
[15] Gorgia, *Elogio di Elena* 11, 8.

XXIII
Protagora

Protagora, soprannominato «il Ragionamento»,[1] fu figlio di Artemone o di Meandrio e nacque ad Abdera intorno al 480 a.C.[2]

Cresciuto in una famiglia povera, cercò di guadagnarsi la vita trasportando merce per conto dei commercianti del luogo. Un giorno Democrito, avendolo visto all'opera, restò ammirato per l'ingegnosità con cui aveva sistemato sul dorso di un mulo un grosso carico di legna. «Chi riesce a fare un lavoro del genere» pensò l'atomista «deve avere una predisposizione naturale per il ragionamento filosofico» e, senza indugi, gli propose di iscriversi alla sua scuola.[3]

Il giovanotto in breve tempo divenne un abile parlatore. Dopo un periodo trascorso nella città natale, durante il quale prestò servizio come lettore pubblico, lo ritroviamo maestro di eloquenza ad Atene. Filostrato dice che fu il primo a farsi pagare cento mine per un corso d'oratoria e «a introdurre tra i greci questa usanza, cosa non biasimevole del resto, giacché noi tutti prendiamo più sul serio ciò che costa che non quello che è gratuito».[4]

[1] Cfr. *I Presocratici*, cit., vol. II, p. 877.
[2] Diogene Laerzio, *Vite dei filosofi* IX 50 (trad. it. cit., p. 447).
[3] Diogene Laerzio, *Vite dei filosofi* IX 53 (trad. it. cit., p. 449).
[4] Filostrato, *Vite dei sofisti* I 3, 4.

In ogni caso Protagora doveva essere carissimo: un suo allievo, tale Evatlo, scandalizzato per i mille denari che gli chiese a fine corso, cercò di non pagarlo, con la scusa che il compenso pattuito era subordinato al primo successo che avrebbe avuto in tribunale. Protagora non si scompose minimamente e disse: «Caro Evatlo, tu non hai scampo, giacché io ti cito subito in giudizio: se i magistrati ti daranno torto, mi dovrai pagare perché hai perso, se invece ti daranno ragione, mi dovrai pagare perché hai vinto».[5]

Un tipo così cavilloso non poteva riuscire simpatico ai filosofi ateniesi: tutti ne parlarono male. Alla base però di questa avversione doveva esserci anche una certa invidia per l'ingente fortuna da lui accumulata in pochissimo tempo. Eupoli, il commediografo, lo definisce «un empio spaccia-imposture di cose celesti»[6] e Platone, in un dialogo, [7] fa dire a Socrate: «Io conosco un uomo, Protagora, che da solo ha guadagnato con la sua scienza più soldi di quanto non ne abbia percepito Fidia, con le sue belle opere, e dieci altri scultori messi insieme».

Esercitò la professione per 40 anni e scrisse una dozzina di libri tra cui due raccolte di antilogie e un saggio sul sentimento religioso, intitolato *Degli Dei*, che lui stesso un giorno volle leggere in casa di Euripide.[8]

Giunto a 70 anni la fortuna gli voltò le spalle: gli ateniesi lo misero sotto processo per aver scritto questa frase: «Intorno agli Dei non ho alcuna possibilità di sapere, né che esistono, né che non esistono. Molti sono gli ostacoli che m'impediscono di sapere, sia l'oscurità dell'argomento, sia la brevità della vita umana».[9] Il suo accusatore si chiamava Pitodoro ed era uno dei Quattrocento che avevano

[5] Quintiliano, *Institutio oratoria* III 1, 12.
[6] Eustazio, *Commento all'Odissea* 1546, 53.
[7] Platone, *Menone* 91d.
[8] Diogene Laerzio, *Vite dei filosofi* IX 54 (trad. it. cit., p. 450).
[9] Cfr. *I Presocratici*, cit., vol. II, p. 894.

abbattuto il regime democratico ad Atene.[10] Protagora, per non bere la cicuta e fare la fine di Socrate, fuggì dalla Grecia e morì, mentre era inseguito dalle triremi ateniesi, naufragando con il battello al largo delle coste della Sicilia.[11] I suoi libri furono bruciati sulla piazza del mercato, dopo che le case di Atene, a una a una, erano state perquisite per scovare tutte le copie in circolazione.[12] Il poeta Timone Fliasio gli dedicò questi versi:[13]

Al primo di tutti i sofisti, di prima e di poi,
di bella voce, d'acuto e versatile ingegno, o Protagora.
In cenere vollero ridurre i suoi scritti, perché
scrisse di non sapere e di non poter comprendere
gli Dei, chi sono, come e quali sono,
massima cura avendo d'un imparziale giudizio.
Non gli valse e la fuga cercò per non bere anche lui
la fredda bevanda di Socrate e scendere all'Ade.

Tutta la filosofia di Protagora è compresa in questa frase:[14]

L'uomo è misura di tutte le cose:
di quelle che sono, per ciò che sono,
e di quelle che non sono, per ciò che non sono.

La cui interpretazione ha diviso gli storici della filosofia.

Ci si chiede: chi è l'uomo a cui allude Protagora? È un uomo qualsiasi, un Rossi, un Brambilla, un Esposito? O è l'Uomo in generale, quello con la U maiuscola che riassume in sé l'opinione media della categoria degli uomini? La

10 Aristotele, fr. 67 Rose.
11 Filostrato, *Vite dei sofisti* I 10, 3.
12 Diogene Laerzio, *Vite dei filosofi* IX 52 (trad. it. cit., p. 448).
13 Cfr. *I Presocratici*, cit., vol. II, p. 881.
14 Cfr. *I Presocratici*, cit., vol. II, p. 891.

precisazione è fondamentale perché condiziona il nostro giudizio sul filosofo.

Tanto per prendere posizione, dichiaro subito di essere per la prima ipotesi. Quell'uomo di cui parla Protagora sono io: Luciano De Crescenzo, fu Eugenio e fu Giulia Panetta, con tutti i difetti e le qualità che mi caratterizzano. Ciò che io conosco non è una realtà oggettiva uguale per tutti, ma assume un significato preciso solo nel momento in cui «io» la percepisco e naturalmente questo significato muta al mutare delle mie opinioni.

Il relativismo espresso nella frase di Protagora investe sia il campo della conoscenza che quello dell'etica.

Siccome una medesima aranciata può apparire dolce a un uomo sano e amara a un uomo malato, il sofista si chiede: «È dolce o è amara questa aranciata?». È ambedue le cose, proprio perché sono due le persone che l'hanno assaggiata. Nessuno dei due giudizi è «più vero» dell'altro, al massimo potremmo dire che la definizione «dolce» è da preferire a quella «amara» perché la condizione «uomo sano» è più frequente di quella «uomo malato». Concludendo: il valore delle cose varia da persona a persona, e per lo stesso individuo, da momento a momento.

Fino a questo punto sono tutti d'accordo; i guai cominciano non appena ci addentriamo nel ginepraio dell'etica comune: esiste un Bene e un Male, oggettivamente parlando, o siamo sempre noi a stabilire ciò che è Bene e ciò che è Male? Questo è il problema.

Fino all'epoca dei sofisti, le opinioni degli antichi erano abbastanza nette: tutte le azioni erano considerate bianche o nere senza alcuna esitazione. Nel vicino Oriente imperversava una religione, quella di Zarathustra, per la quale il Bene e il Male si dividevano il mondo senza possibili vie di mezzo. Forse il maggiore merito dei sofisti sta proprio nell'aver inventato il Grigio come zona intermedia tra questi due estremi e nell'aver sollecitato il dubbio, come invito a cercare sempre, in ogni cosa, il rovescio della medaglia. Protagora può essere considerato il padre dello scetticismo e il nonno di Popper.

Qualcuno potrebbe obiettare che è molto comodo «fare il sofista»; io stabilisco, ad esempio, che è Bene rubare, ammazzare e prevaricare, dopo di che faccio tutto quello che voglio, sicuro di non mettermi in urto con il mio codice personale. «OK,» mi risponderebbe Protagora «se ci riesci non ci sono problemi.» Il fatto è che non è facile convincere la propria coscienza che rubare e ammazzare si identificano col Bene. E qui si apre la discussione su come la morale comune può condizionare il relativismo di Protagora. Siamo d'accordo che i giudici siamo noi stessi, ma è pur vero che il nostro giudizio è influenzato dalla morale degli altri.

Per i sostenitori della tesi dell'Uomo, quello con la U maiuscola, Protagora avrebbe detto che il Bene s'identifica con il Bene dell'Uomo in generale e quindi con il Bene della collettività. Forse Protagora avrà anche detto una frase del genere, ma di sicuro, se l'ha detta, non ci credeva: non sarebbe stato nel suo stile di pensiero. Chissà? Magari, portato in giudizio, avrà detto qualcosa per paura di Crizia (un ex sofista, diventato uno dei trenta tiranni e come tale feroce persecutore degli ex colleghi), ma al momento di andar via avrà mormorato fra sé e sé, come Galilei, «non esiste nessun uomo in generale!».

Noi invece, forti del suo slogan, lo interpretiamo come meglio ci aggrada. Siamo convinti di essere la misura di tutte le cose, di quelle che sono e di quelle che non sono. Per averne una dimostrazione basta farsi raccontare il derby Torino-Juventus da due tifosi delle opposte fazioni: ognuno di loro, nella più assoluta buona fede, ci racconterà una «sua» partita, ignorando i falli, le ingiustizie arbitrali e le sfortune di gioco citate dall'altro e questo per la semplicissima ragione che non ha «voluto vedere» gli eventi a lui sfavorevoli. Quale sarà dunque la Verità? Tutte e nessuna, come diceva Pirandello. La realtà è quella che c'inventiamo attimo per attimo. Se il lavoro non ci piace, leggiamo un oroscopo e crediamo in un futuro migliore. Se la nostra donna ci lascia, ci convinciamo che è dovuta andare all'estero per affari. Se l'Italia ha 100.000 miliardi di debiti, trascuriamo la notizia e continuiamo a vivere come prima, forti del fatto che la crisi economica dura da sempre e non ci ha mai travolti.

XXIV
Gorgia da Leontini

Gorgia nasce tra il 480 e il 475 a.C. a Leontini (oggi Lentini, in provincia di Siracusa). Dei suoi primi cinquant'anni di vita sappiamo solo che suo padre si chiamava Carmantida e che suo fratello Erodico faceva il medico,[1] per il resto si presume che abbia conosciuto Empedocle e che sia stato suo allievo. Le prime notizie certe ci vengono da Diodoro[2] e si riferiscono a un'ambasceria inviata dai lentinesi ad Atene (nel 427) allo scopo di ottenere un aiuto militare contro lo strapotere di Siracusa. Capo della missione, Gorgia.

Il sofista si presentò sull'*agorà* di Atene tutto vestito di porpora:[3] aveva al suo fianco un altro oratore, Tisia, anche lui di Leontini. I due ambasciatori si alternarono al podio sollevando l'ammirazione della folla: mai prima di allora gli ateniesi avevano udito oratori così affascinanti![4] A detta di Filostrato,[5] Gorgia possedeva «impeto oratorio, audacia innovatrice, mossa ispirata, tono sublime, distacchi di frase, inizi improvvisi, espressioni poetiche e gusto dell'ornato». Peccato che all'epoca non ci fossero i registratori: avremmo capito che diavolo avrà voluto dire Suida

1 Pausania, VI 17, 7.
2 Diodoro Siculo, XII 53, 1.
3 Eliano, *Storia varia* XII 32.
4 Diodoro Siculo, XII 53, 3.
5 Filostrato, *Vite dei sofisti* I 9, 2.

quando ha citato Gorgia come «l'inventore nella retorica dell'uso di tropi, ipallagi, catacresi, iperbati, anadiplosi, epanalessi e parisosi».[6]

Gorgia divenne ben presto un divo: si esibiva nei teatri e gridava alla platea: «datemi un tema».[7] Isocrate afferma che fu il sofista che guadagnò più soldi di tutti;[8] era così ricco che un giorno, per ringraziare Apollo, regalò all'oracolo di Delfi una statua d'oro, a grandezza naturale, raffigurante se stesso.[9] Fu invitato in Tessaglia dal tiranno Giasone e da quel giorno l'arte della retorica venne chiamata dai tessali «l'arte di Gorgia».[10]

Sembra che in età matura si sia sposato, ma che abbia avuto dei problemi con la moglie a causa di un amore ancillare.[11] Un certo Melanzio, infatti, lo prende in giro dicendo: «Costui dà consigli sulla concordia, quando non è riuscito a mettere d'accordo se stesso, la moglie e la serva, e sono tre soltanto».

La sua opera principale ha per titolo *Su ciò che non è, ovvero sulla natura*. Altrettanto famose sono le orazioni tra cui il già ricordato *Elogio di Elena*, l'*Apologia di Palamede*, l'*Orazione pitica*, quella *olimpica* e quella *funebre*.

Visse fino a 108 anni. A chi gli chiedeva come avesse fatto a raggiungere quest'età, rispondeva: «Rinunziando al piacere». Forse avrebbe potuto vivere più a lungo, se è vero che si uccise astenendosi dal cibo.[12] Quando giunse l'attimo fatale, non perse l'occasione e tirò fuori una frase a effetto: «Ecco che il sonno comincia a consegnarmi a sua sorella».[13]

[6] Cfr. *I Presocratici*, cit., vol. II, pp. 905-6.
[7] Cicerone, *De inventione* V 2.
[8] Isocrate, XV 155 sgg.
[9] Plinio, *Storia naturale* XXXIII 83.
[10] Filostrato, *Epistola* 73.
[11] Plutarco, *Precetti coniugali* 43; 144 B-C.
[12] Luciano, *I longevi* 23.
[13] Eliano, *Storia varia* II 35.

Un giorno una rondine fece cadere un escremento sulla testa di Gorgia; il sofista alzò lo sguardo e con aria severa redarguì l'uccello esclamando: «Vergognati Filomela!».[14] L'aneddoto ci viene raccontato da Aristotele[15] che se ne serve per criticare l'uso improprio della metafora nel discorso. Gorgia da Leontini, dice il *mammasantissima*, «in questo caso sbaglia due volte: la prima quando impreca contro una donna defunta, e non bisogna mai scadere nel tragico e nel comico, e la seconda quando finge d'ignorare che, a fare i propri bisogni all'aperto, non è stata la moglie di Tereo ma solo una povera rondine». Aristotele, è inutile precisarlo, non aveva il senso dell'humour, e nemmeno particolari simpatie per i sofisti; sta di fatto che non si limita a criticare Gorgia per l'episodio della rondine, ma ne mette addirittura in dubbio l'esistenza come filosofo. L'ho detto e lo ripeto: a quei tempi, farsi nemici Platone e Aristotele (in pratica i due padrini della filosofia greca) significava essere radiati dall'albo dei filosofi. Il loro giudizio infatti, tutt'altro che sbiaditosi nel corso dei secoli, ha finito col condizionare un po' tutti. Ancora oggi ci sono testi dove si legge che «il nichilismo filosofico di Gorgia è da togliere dalla storia della filosofia» e che «il suo discorso ironico sulla natura non può trovare posto se non nella storia della retorica».[16]

Noi invece, nel nostro piccolo, rivendichiamo il contenuto filosofico del pensiero di Gorgia, pur senza condividerne gli aspetti morali. Forse, è stata proprio la sua straordinaria abilità di retore a portare fuori strada gli storici: molti infatti tendono a considerare Gorgia da Leontini un eccezionale oratore e i suoi celebri discorsi semplici virtuosismi.

[14] Filomela, un attimo prima di essere uccisa da Tereo, marito di sua sorella Procne, che l'aveva sedotta, fu trasformata in usignolo: cfr. R. Greaves, *I miti greci*, Milano 1981², pp. 148-9.
[15] Aristotele, *Retorica* III 3, 1406b 14.
[16] H. Gomperz, *Sophistik und Rhetorik*, Leipzig 1912, p. 35,

Al contrario, sono proprio le apologie di Elena e di Palamede a suggerirci una strada per capire la sua filosofia: in questi discorsi infatti il sofista privilegia la forma a scapito del contenuto, non dà alcuna importanza alle azioni della donna infedele e del traditore di Ulisse, e scarica ogni responsabilità sulla parola come mezzo di persuasione.

«Nulla è; se anche qualcosa fosse, non lo potrei capire; e seppure riuscissi a capirlo, non sarei in grado di comunicarlo agli altri»[17] così comincia il suo libro *Su ciò che non è, ovvero sulla natura*.

Con questa premessa Gorgia riesce a negare la realtà più di Parmenide, di Zenone e di Melisso: per costoro esisteva soltanto l'Uno, per Gorgia nemmeno quello. Indubbiamente si tratta di una premessa che dà fastidio a chiunque professi una fede; è come se Gorgia avesse detto: «Signori miei, mi dispiace per voi, ma qui la Verità non esiste, o se preferite, non è alla nostra portata, il che poi agli effetti pratici è la stessa cosa. L'unica cosa a cui potete attaccarvi è *la relatività del logos*, ovvero la possibilità di esercitare il potere attraverso la parola e il pensiero».

Due considerazioni su questo personaggio:

1) Non riusciamo a immaginare una vita più noiosa di quella di Gorgia: 108 anni senza mai credere in nulla e rinunziando al piacere.

2) Anche dando per scontata l'impossibilità di conoscere la Verità, ci si chiede: è più importante che esista o che la si riesca a conoscere?

A nostro avviso *la Verità esiste, perché se non esistesse, esisterebbe quanto meno il fatto che non esiste*. L'unica strada per raggiungere, attraverso la logica, l'esistenza della Verità (o di Dio) è il metodo della negatività positiva:

[17] Sesto Empirico, *Contro i matematici* VII 65.

«Puoi dire di essere sicuro che esiste Dio?»

«No.»

«Puoi dire con sicurezza che non esiste?»

«Francamente no.»

«Ammetti quindi che esiste qualcosa che non sai.»

«Sì.»

«Allora usami la cortesia di chiamare "Dio" questa cosa che ammetti di non sapere.»

«E se voglio chiamarla semplicemente "cosa che non so"?»

«Fa lo stesso, il suo valore non cambia.»

Queste considerazioni ci fanno venire in mente un famoso racconto di Borges, la *Biblioteca di Babele*.[18] Lo scrittore immagina di trovarsi in un immenso alveare fatto di stanze esagonali, tutte ricoperte di libri. Al centro di ogni stanza c'è un pozzo, una specie di tromba di scale, che lascia intravedere, sia in alto che in basso, un'infinità di altre stanze esagonali, tutte piene di libri; e anche uscendo da una di queste stanze, si finisce sempre col trovarsi in un'altra galleria verticale; insomma un incubo!

I libri della Biblioteca di Babele hanno tutti lo stesso spessore, 410 pagine, e sono incomprensibili: hrydghbdrskh... questo è quello che si riesce a leggere prendendone uno a caso. Dopo molte riflessioni, un vecchio scopre che i libri non sono altro che tutte le combinazioni possibili dei venticinque simboli dell'alfabeto e che pertanto la Biblioteca dovrà contenere un numero enorme di libri.

Data la casualità delle combinazioni, di tanto in tanto, in qualche libro compare una frase di senso compiuto sul tipo di: *oh tempo le tue piramidi*. Quando però si viene a sapere che la Biblioteca-Universo contiene tutti i libri possibili, qualcuno avanza l'ipotesi che tra questi possa esserci anche il Libro dei Libri, quello che custodisce il Segreto della

[18] J. L. Borges, *Finzioni*, Torino 1982³, p. 69.

Vita. A quel punto la ricerca diventa spasmodica: gruppi di uomini si gettano come forsennati sui libri, prendendoli a caso, per poi buttarli via non appena si rendono conto che sono incomprensibili. Solo Borges non si muove: egli resta appagato dalla notizia dell'esistenza del Libro, e conclude dicendo: « *Che il Cielo esista, anche se il mio posto è all'Inferno. Che io sia oltraggiato e annientato, ma che per un istante, in un essere, la Tua enorme Biblioteca si giustifichi* ».

XXV
L'avvocato Tanucci

Armà datte curaggie, tenimme 'a causa 'mmano.
'A parte ha miso a Porzio, mammà mette a Marciano.

Così grida una madre napoletana, in una poesia di Rocco Galdieri,[1] mentre corre dietro al carro dei carcerati. «Armando fatti coraggio, abbiamo la causa in mano, se i nostri avversari hanno l'avv. Porzio, noi abbiamo l'avv. Marciano.» Giovanni Porzio e Gennaro Marciano sono stati i massimi esponenti delle cronache giudiziarie napoletane nella prima metà del secolo. A quei tempi i processi penali suscitavano un eccezionale interesse: il popolino frequentava la Corte d'Assise con la stessa puntualità con cui oggi gl'italiani seguono le puntate di Dallas e di Dinasty. Bastava che qualcuno avvertisse: «*Sta parlanno Porzio!*» e tutti ascoltavano senza fiatare.

Quando ci fu il processo della Bella Veneziana, tutta Napoli fece il tifo per l'imputata. Si trattava del classico delitto d'onore: Antonietta Catullo, ragazza madre, aveva ucciso in Villa Comunale l'uomo che l'aveva sedotta. Difensore l'avvocato Alfredo Catapano. L'arringa terminò con

[1] Rocco Galdieri, *Mamme napulitane*, dalla raccolta di poesie edite da Bideri, Napoli 1953.

queste parole: «Liberatela in nome di tutte le donne che soggiacquero alla violenza, all'inganno, alla frode; di tutte le donne che per un bisogno d'amore credettero alla bontà e alla sincerità delle false promesse, di tutte le donne esposte al vizio, alla miseria, alla fame e che trovano la virtù di risorgere, di vivere e di rigenerarsi nell'amore e nella protezione di un figlio». La Bella Veneziana fu assolta e Napoli impazzì di gioia. Centinaia di donne portarono in trionfo l'avvocato Catapano cantando in coro:

Tu hai difeso 'a causa,
Alfredo Catapano,
e mò 'a gente 'e mane
sbatteno pe' ttè.

I tribunali a Napoli hanno sede in un vecchio maniero, il famigerato Castel Capuano, costruito intorno all'anno mille da Guglielmo II. Nato come fortezza, divenne successivamente reggia, poi abitazione privata e infine carcere e luogo di giustizia sotto il viceré Don Pedro da Toledo.

A parte le automobili, non credo che oggi l'ambiente che circonda il vecchio castello sia molto diverso da quello dei viceré spagnoli. La presenza del tetro edificio continua a farsi sentire in tutto il circondario. Le stradine e i caffè del quartiere brulicano di avvocatucoli, di venditori ambulanti, di perditempo, di pregiudicati in libertà provvisoria, di parenti in attesa di un cellulare con un loro congiunto, di *mariuncielle* in cerca *d' 'o suggetto* a cui appioppare *'o scartiloffio*. Posto a mezza strada, tra i vicoli della Duchesca, la cui merce è fin troppo a buon mercato per essere un affare, e la vicina Porta Capuana, affogata in un mare di clacson, il tribunale ingurgita e vomita continuamente una variopinta folla di personaggi, ormai rassegnati a considerare la Legge alla stregua di un qualsiasi evento meteorologico sfavorevole.

Non tutti gli avvocati che affollano l'immenso cortile di Castel Capuano sono dei principi del foro; tra loro, grosso modo, è possibile distinguere cinque categorie di addetti ai lavori; gli avvocati di grido, gli avvocati normali, i «paglietta», gli *strascinafacenne* e i giovani di studio.

Gli avvocati di grido sono quelli che lasciano un segno nella storia delle cronache giudiziarie: Nicola Amore, Enrico Pessina, Leopoldo Tarantini per l'Ottocento, Gennaro Marciano, Giovanni Porzio, Enrico De Nicola e Alfredo De Marsico in questo secolo, sono i primi che ci vengono in mente. Ognuno con un carattere e uno stile oratorio che lo distingue dagli altri: passionale in Marciano, lirico in De Marsico, freddo e lucido in De Nicola.

Un giorno un grande penalista napoletano, l'avvocato Gaetano Manfredi, concluse un'arringa in tono forse troppo enfatico: «Si dice nei trivi che la mia causa è perduta. Ebbene cadrò, ma come un'aquila ferita, con l'ala spiegata e la pupilla fissa al sole». Il suo avversario, Carlo Fiorante, detto «il caustico», gli rispose fulmineamente: «Quello che a noi importa è che cada; per il resto scelga pure la posizione che crede».

Gli *strascinafacenne*, a volte laureati e a volte no, sono dei volenterosi che s'interessano un po' di tutto: pratiche legali, passaporti, rinnovi di patente, contravvenzioni eccetera. Vengono chiamati così perché, quando riescono a mettere le mani su un buon cliente, «trascinano la faccenda» per quanto più tempo possibile allo scopo di ottenere continuamente piccoli compensi.

I giovani di studio in genere sono degli anziani collaboratori di avvocati, con qualche decennio di esperienza legale

sulle spalle. Sebbene non laureati, spesso conoscono i codici meglio dei loro titolari.

Il personaggio del «*paglietta*» fa parte della storia di Napoli. I *paglietta* comparvero sulla scena giudiziaria napoletana nel Seicento. Camillo Gurgo ce li descrive così:[2] «Panciuto, buffo, tra il prete e il cavaliere, con le seriche brache, le grosse scarpe munite di fibbioni ferreolucenti, il sottile vestito che il popolo chiama *saraca*, il collare azzurrognolo che si chiama appunto *paglietta*, il vasto cappello di paglia rivestito di seta nera e la spada al fianco».

Nel Settecento il *paglietta*, ovvero il sofista napoletano in senso dispregiativo, cambia aspetto e diventa magro, allampanato e vestito in modo approssimativo. Il Cerlone, un commediografo dell'epoca, lo mette in berlina inventando il personaggio di Don Fastidio de' Fastidiis, un azzeccagarbugli fanfarone e sconclusionato. Benedetto Croce, a nome di tutti gli avvocati napoletani, e forse anche dei sofisti greci, protesta e fa notare che il de' Fastidiis è più la caricatura di uno sprovveduto che non del *paglietta*, al quale tutto si può rimproverare, sul piano dell'etica professionale, tranne che la mancanza di furberia. Don Fastidio de' Fastidiis invece è un gaffeur della più bell'acqua: in una commedia, a una nobildonna che desidera ringraziare per i suoi meriti, si rivolge dicendo: «Oh mia gentile meretrice!».

Oggi come allora il *paglietta* è ancora vivo nelle aule giudiziarie; probabilmente è un personaggio che attraversa i secoli come l'Uomo Mascherato. Plauto ce ne fa uno schizzo scrivendo «*Os habet linguam, perfidiam, malitiam, atque audaciam, confidentiam, confirmitatem, fraudolentiam*» («La bocca possiede lingua, perfidia, malizia, e sfrontatezza, sicumera, testardaggine, astuzia»).

[2] Camillo Gurgo, *Castel Capuano e i paglietta*, Napoli 1929.

Duemila anni più tardi il Maddalari sostiene che: «Il *paglietta* è l'unico a Napoli che non abbia la malattia dell'Ideale; in questo batte pure i portieri che, bisogna ammettere, sono uomini pratici e positivi».

Noi ne abbiamo conosciuto uno: si chiama Annibale Tanucci. È suo il motto: «La giustizia è come una scarpa stretta: bisogna sempre usare un calzatoio per poterla infilare».

Per presentarlo, raccontiamo una sua arringa.

Signori del tribunale, siamo qui a difendere l'onorabilità del signor Esposito Alessandro, detto *'a Rinascente*, dall'accusa di truffa e di falsificazione di marchio d'impresa.

È nostra intenzione dimostrare che la truffa non sussiste nel primo capo d'accusa e che il fatto non costituisce reato per quanto riguarda la falsificazione del marchio d'impresa. Ciò premesso, esponiamo i fatti:

Domenica 27 marzo, domenica delle Palme, in una bella mattinata di sole, quando tutto lasciava presumere che gli animi delle persone fossero rivolti a desideri di pace, il vigile urbano Abbondanza Michele elevava contravvenzione a carico del mio cliente Esposito Alessandro per vendita senza licenza di borse e borsoni di varia foggia, sul marciapiede antistante la chiesa di Santa Caterina a Chiaia. Il giorno seguente, un sopralluogo eseguito da agenti della Guardia di Finanza, in un terraneo sito al numero 25 di Vico Sergente Maggiore, dove appunto ha domicilio il mio cliente, portava alla scoperta di una modesta catena di assemblaggio delle predette borse, eseguita esclusivamente da membri della famiglia Esposito, e di 28 orologi perfettamente funzionanti, imitazioni delle seguenti marche: Rolex, Cartier, Porsche e Piaget.

Per giungere al nocciolo dell'accusa, è necessario precisa-

re che il materiale plastico, acquistato e non fabbricato dall'Esposito per confezionare le borse, riportava in sequenza, sia verticale che orizzontale, una serie di lettere «L» e «V» intrecciate a guisa di monogramma e intervallate da fiorellini. Dette lettere sarebbero le iniziali di tale Louis Vuitton, cittadino francese, non presente in aula e che non abbiamo il piacere di conoscere.

Nel caso che i signori del tribunale non fossero aggiornati sui prezzi praticati dalla ditta Louis Vuitton di Parigi, ci preghiamo informarli che una borsa di media grandezza, costruita in ottima plastica francese, viene venduta intorno alle 400.000 lire, laddove l'imitazione italiana, prodotta dal mio cliente, costa solo 25.000 lire e, in casi particolari, quando l'incasso a fine giornata lascia a desiderare, perfino lire 20.000. Dettaglio fondamentale: su tutta la merce era esposto un cartello con la scritta:

AUTENTICHE BORSE LOUIS VUITTON
PERFETTAMENTE IMITATE.

A questo punto ci si chiede: ha commesso una truffa Alessandro Esposito? Ma che vuol dire «truffa»? Chiediamolo al codice. Dunque... articolo 640... «chi con artifici e raggiri induce taluno in errore, procurandosi ingiusto profitto, è punito, a querela della persona offesa, con la pena da tre mesi a tre anni di reclusione e con la multa da lire 40.000 a lire 400.000». Dal che si deduce che per esserci truffa è indispensabile, come prima cosa, che ci sia una persona offesa che è stata indotta in errore; e chi potrebbe essere questa persona offesa? Il cliente di passaggio? E no, signori del tribunale, perché qui due sono i casi: o il cliente di passaggio ha letto il cartello fino alla fine, e allora era a conoscenza che si trattava di semplici imitazioni, o per disattenzione ha letto solo: «AUTENTICHE BORSE LOUIS VUITTON», e allora il vero truffatore è lui che con sole

25.000 lire voleva arraffare un oggetto valutato sul mercato quasi mezzo milione! E poi, alla fin fine, quale sarebbe questo ingiusto profitto? Quelle nove o diecimila lire a borsa che l'Esposito portava a casa agli operai familiari in attesa? No, signori del tribunale: la difesa sostiene con fermezza che, non essendoci truffati, non esiste nemmeno la truffa.

E veniamo al secondo capo d'accusa: alla falsificazione del marchio d'impresa. I grandi maestri della pittura, i Giotto, i Cimabue, i Masaccio, non erano soliti apporre la firma ai loro capolavori, e questo perché ritenevano, giustamente, che le opere d'arte dovevano essere apprezzate per il loro valore intrinseco e non perché erano firmate da Tizio o da Caio. La fregola della firma infatti, può essere considerata una degenerazione consumistica del nostro secolo. Oggi la fessaggine umana, chiedo scusa per la crudezza del termine, arriva ad acquistare qualsiasi cosa purché debitamente firmata.

Negli anni Cinquanta, il pittore Piero Manzoni effettuò un esperimento volutamente provocatorio: riuscì a vendere le proprie feci, dopo averle chiuse (speriamo) ermeticamente in scatola, con la dicitura «merda di artista». Ebbene, con questo stesso principio, il signor Louis Vuitton di Parigi un bel giorno ha pensato: «Io adesso costruisco migliaia di borse di plastica, ci scrivo sopra le mie iniziali, e poi me le vendo a una decina di volte il loro valore: vuoi vedere quanti fessi trovo che se le comprano?». Io qui sto parlando di Vuitton, ma il discorso vale naturalmente per tutte le altre fabbriche di firme: Gucci, Fendi, Armani, Rolex eccetera eccetera. Ormai non ci sono più limiti: anche stando seduti sul gabinetto può far piacere essere circondati da mattonelle firmate Valentino!

Qualcuno potrebbe obiettare: «Louis Vuitton non costringe nessuno a comprare le sue borse. Perché il tuo clien-

te, invece di rubacchiare i marchi altrui, non prova a lanciare sul mercato un suo prodotto originale?». E già: ve la immaginate voi una signora che dice all'amica: «Ieri mi sono comprata un Esposito, devi vedere come mi sta bene!».

A questo punto mi chiedo: esiste una legge che pone dei limiti ai profitti di un privato? Sì che esiste, ma è la comune legge del mercato: se un'azienda alza troppo i prezzi di vendita non riuscirà mai a smerciare il prodotto a causa della concorrenza. E se quest'azienda plagia i suoi clienti e li convince che il prodotto è eccezionale anche quando è fatto di materiale sintetico? È qui che ti aspetto, mio caro Vuitton! Articolo 603: delitto di plagio. «Chiunque sottopone una persona sotto il proprio potere, in modo da ridurla in totale stato di soggezione, è punibile con la reclusione da 3 a 15 anni.» Ora io affermo che, se un individuo è riuscito a convincere migliaia di persone che una borsa di plastica, seppure coperta di monogrammi, è migliore di una borsa di pelle, vuol dire che costui ha ridotto in totale stato di soggezione i propri clienti, e pertanto, forte di questa deduzione, io oggi accuso il signor Louis Vuitton di Parigi di plagio. Accuso altresì i trafficanti di firme, i venditori di fumo, italiani e stranieri, di assoggettare al loro potere le nostre mogli e i nostri figli. Accuso le riviste «FMR» e «CAPITAL» di propagandare i falsi idoli di un nuovo feticismo. Accuso i mass-media, i pubblicitari, i commercianti e tutti i loro complici di profitti illeciti. A voi signori del tribunale, il compito di fare giustizia: su un piatto della bilancia avete Louis Vuitton, Grande Furbo Internazionale, e sull'altro piatto Esposito Alessandro, piccolo furbo napoletano, colto in flagrante mentre tentava di piluccare una briciola di pane sulla tavola della grande abbuffata!

Indice dei nomi

Indice

Bestsellers Oscar
Periodico bisettimanale:
N° 279 dell'1/1/1991
Direttore responsabile: Alcide Paolini
Registr. Trib. di Milano n. 406 dell'8/8/1983
Spedizione abbonamento postale a T. E.
Aut. n. 15411/2/LL del 29-2-1978 - Dirpostel Verona

Questo volume è stato ristampato
presso Arnoldo Mondadori Editore S.p.A.
Stabilimento Nuova Stampa Mondadori - Cles (TN)
Stampato in Italia - Printed in Italy